普通高等教育铁道部规划教材

高速铁路安全保障技术

贾利民　主　编

王艳辉　程晓卿　副主编

陈兰华　主　审

中国铁道出版社

2013年·北　京

内 容 简 介

本书是普通高等教育铁道部规划教材。本书系统地介绍了高速铁路运营安全保障技术体系中涉及的重要共性问题，包括高速铁路技术及装备体系、高速铁路运营安全监控技术、高速铁路运营安全预警及救援体系和高速铁路运营安全保障系统。

本书可以作为高等院校相关专业的研究生和本科生的教材，也可供从事高速铁路运营安全保障等相关领域专业人员学习参考。

图书在版编目（CIP）数据

高速铁路安全保障技术/贾利民主编. —北京：中国铁道出版社，2010.10（**2013.5 重印**）

普通高等教育铁道部规划教材

ISBN 978-7-113-11916-4

Ⅰ.①高… Ⅱ.①贾… Ⅲ.①高速铁路—交通运输安全—高等学校—教材 Ⅳ.①U298

中国版本图书馆 CIP 数据核字（2010）第 188473 号

书　　名：高速铁路安全保障技术

作　　者：贾利民　主编

责任编辑：金　锋　**电话：**010-51873134　**电子信箱：**jinfeng88428@163.com　**教材网址：**www.tdjiaocai.com

封面设计：崔丽芳

责任校对：孙　玫

责任印制：陆　宁

出版发行：中国铁道出版社（100054，北京市西城区右安门西街 8 号）

网　　址：http://www.tdpress.com

印　　刷：三河市华丰印刷厂

版　　次：2010 年 10 月第 1 版　　2013 年 5 月第 2 次印刷

开　　本：787 mm×960 mm　1/16　**印张：**9.75　**字数：**206 千

印　　数：3 001～6 000 册

书　　号：ISBN 978-7-113-11916-4

定　　价：18.00 元

前　言

本书是普通高等教育铁道部规划教材，是由铁道部教材开发领导小组组织编写，并经铁道部相关业务部门审定，适用于高等院校铁路特色专业教学以及铁路专业技术人员使用。本书为铁道运输类高速铁路系列教材之一。

高速铁路是继航天工程后又一庞大而复杂的现代系统工程，是由工务工程技术、信号技术、微电子技术、计算机应用技术、通信技术、控制技术、新型材料以及完善、科学的安全保障系统、运输组织方法等综合协调、集成创新的成果。自1964年日本东海道新干线投入运营以来，高速铁路以其安全、可靠、节能、经济、技术创新和优质服务等特点为铁路的发展带来了新的机遇。经过40多年的发展，高速铁路已在中国、日本、法国、德国、西班牙、意大利、比利时、英国、瑞典、丹麦和韩国等国家投入运营。

高速铁路带来的变革，使其在安全保障、运输组织与管理的一体化、旅客服务三个方面的要求都远高于传统铁路，其中，安全是高速铁路运营的第一要素，它的安全性不仅要在规划、设计、建设和验收时给予充分考虑，并且在运营管理中也要不断研究、改进和提高。

作者及其研究团队在轨道交通安全保障方面先后承担了国家自然科学基金重点项目“高速铁路智能交通综合信息系统与关键技术的研究”(2004)、“铁路运输系统安全监控信息智能集成模型及理论的研究”(2006)、国家重大工程科研及部委科技计划项目“京沪高速铁路地理信息系统一期建设”(2005)、“青藏铁路信息系统工程”(2006)、“青藏铁路应急救援体系及应急救援指挥信息系统的研发”(2006)、国家863和科技支撑计划项目课题“青藏铁路综合安全监控系统研究”(2006)、“突发事件下车辆监控信息综合应用与实时交通信息应用”(2007)、“轨道交通运营安全的关键装备监控预警及应急技术研究与验证”(2008)、“城市轨道交通牵引供电系统状态监控及故障诊断关键技术研究”(2008)、“分布式交通系统信息互操作技术”(2008)、科技部科技支撑课题“新型直线电机运输系统运输组织保障与运行控制关键技术及装备研制”(2009)、国家863课题“检测数据相关分析研究”(2010)和“基于高精度GPS/GIS三维信息的检测数据动态可视化展现及全息展示技术研究”(2010)、科技部科技支撑课题“高速列车运行组织方案优化设计关键技术与系统”(2010)等课题的研究。这些研究、开发和工程应用不仅极大促进了高速铁路运营安全保障相关理论、技术和应用的积累和发展,同时也支撑了青藏铁路等国家的重大工程建设和运营。

本书在上述科研工作和成果的基础上,结合高速铁路运营安全特性需求,以“主动安全理念”为出发点构建了高速铁路运营安全保障技术体系,全面、详细和系统地介绍了高速铁路运营安全保障中从运营状态获取、融合、综合判断、预警一直到事故后的应急救援等关键技术,试图为现有高速铁路运营安全保障提供可依据的体系架构和技术支撑。

本书主编为北京交通大学贾利民,副主编为北京交通大学王艳辉、程晓卿,主审为铁道部安全监察司陈兰华。北京交通大学徐杰、祝凌曦、孙倩、肖雪梅、张晨琛参与编写。编写分工如下:王艳辉负责编写第一章、肖雪梅负责编写第二章、孙倩负责编写第三章、徐杰负责编写第四章、张晨琛负责编写第五章、祝凌曦负责编写第六章。

在本书相关研究和撰写过程中,作者参阅了大量国内外文献资料,这些国内外专家、学者们在相关领域的研究成果构成了本书相关研究的重要基础,在此,向相关作者致以谢意。

编　者

2010年7月

目　　录

1　绪　　论 ………………………………………………………… 1

1.1　高速铁路概论 …………………………………………………… 1
1.2　国内外高速铁路发展现状 ……………………………………… 3
1.3　高速铁路运营安全保障技术体系 ……………………………… 14
复习思考题 …………………………………………………………… 17

2　高速铁路技术及装备体系 ………………………………………… 18

2.1　高速铁路固定设备 ……………………………………………… 18
2.2　高速铁路移动设备 ……………………………………………… 29
2.3　高速铁路信息化技术 …………………………………………… 33
2.4　高速铁路的运营组织及管理 …………………………………… 34
复习思考题 …………………………………………………………… 40

3　高速铁路运营安全保障技术体系 ………………………………… 41

3.1　高速铁路运营安全要素分析 …………………………………… 41
3.2　高速铁路运营安全保障技术体系的构成 ……………………… 44
复习思考题 …………………………………………………………… 55

4　高速铁路运营安全监控技术 ……………………………………… 56

4.1　高速铁路安全信息采集技术 …………………………………… 56
4.2　高速铁路安全信息融合 ………………………………………… 67
4.3　高速铁路运营综合监控技术 …………………………………… 70
复习思考题 …………………………………………………………… 83

5　高速铁路运营安全预警及救援体系 ……………………………… 84

5.1　高速铁路运营安全评价指标体系和评价方法 ………………… 84
5.2　高速铁路致灾分析、评价及预警预控技术 …………………… 94

5.3　高速铁路应急管理技术 …………………………………………………… 109
复习思考题……………………………………………………………………………… 124

6　高速铁路运营安全保障系统 ………………………………………………… 126

6.1　列车运行控制系统 ………………………………………………………………… 126
6.2　环境监测与灾害预测预警系统 …………………………………………………… 133
6.3　设施装备的监测与在线诊断系统 ………………………………………………… 137
6.4　事故救援和减灾系统 ……………………………………………………………… 141
复习思考题……………………………………………………………………………… 147

参考文献……………………………………………………………………………… 148

1 绪　论

1.1 高速铁路概论

高速铁路是社会经济发展到一定阶段的产物，与国家的整体经济实力和社会发展水平有关。自 1964 年日本东海道新干线投入运营以来，高速铁路以其安全、可靠、技术创新和优质服务等特点为铁路的发展带来了新的机遇。经过 40 多年的发展，高速列车已在中国、日本、法国、德国、西班牙、意大利、比利时、英国、瑞典、丹麦和韩国等国家投入运营。

不同时期、不同标准对高速铁路的定义不尽相同，而且，随着科学技术的发展，高速铁路的定义也不断发生变化，例如：

(1)1970 年日本政府第 71 号命令对高速铁路的定义为：凡在一条铁路的主要区段上，列车的最高运行速度达到 200 km/h 及以上的干线铁路。

(2)1985 年欧洲经济委员会在日内瓦签署国际铁路干线协议规定：列车最高行车速度达到 300 km/h 及以上的客运专线或最高速度达到 250 km/h 及以上的客货混线。

(3)1986 年国际铁路联盟（UIC）的定义是：高速铁路是指通过直线化、轨距标准化改造既有线路，使营运速度达到 200 km/h 以上，或者专门修建新的“高速新线”，使营运速度达到 250 km/h以上的铁路系统。

结合目前高速铁路发展的实际情况，本书认为经过改造的既有线列车运行的旅行速度达到 200～250 km/h，或者最高速度超过 300～350 km/h 的新建线路，都可以统称为高速铁路。

1.1.1 高速铁路技术经济优势

与传统的既有铁路相比，高速铁路具有以下技术经济优势：

1. 输送能力大

输送能力大是高速铁路的主要技术优势之一。高速铁路列车最小行车间隔可达 3 min，列车行车密度可达 20 列/h，每列车载客人数也相对较多。如采用动力分散方式及双层客车，其列车定员可达 1 200～1 500 人/列，理论上每小时的输送能力可以达到 2×24 000～2×30 000 人。而四车道的高速公路每小时的输送能力约为 2×4 800 人，即使是 2 条跑道的机场每小时的吞吐能力也仅约为 2×6 000 人。可见高速铁路的运输能力是高速公路和民用航空等现代交通运输方式无法比拟的。

2. 速度快

速度是高速铁路技术水平的最主要标志，也是其主要的技术经济优势所在。迄今为止，高速铁路是陆上运行距离最长、运行速度最快的地面交通运输方式。列车速度的提高，大大节约了旅客的出行时间。现在我国的 CRH3 和 CRH2-300、日本的新干线(500 系)、法国的 TGV 和泰里斯(Thalys)、欧洲之星(Eurostar)、德国的 ICE3 以及西班牙的 AVE 都以 300 km/h 速度高速运行。

3.安全性好

安全性是旅客选择交通出行方式最关心的因素之一。由于在全封闭环境中自动化运行，又有一套完整的安全保障体系，高速铁路的安全性能是其他交通工具所无法比拟的。

4.受气候变化影响小，正点率高

高速铁路受环境气候条件件的影响较小，除危及行车安全的自然灾害(地震)外，可以全天候 24 h 运营。同时，由于高速铁路系统设备的可靠性和较高的运输组织水平，可以做到旅客列车极高的正点率。例如，西班牙规定高速列车晚点超过 5 min 就要退还旅客的全额车票款；而在日本，列车到发时间超过 1 min 就算晚点，晚点超过 2 h 就要退还旅客的加快费。1997 年东海道新干线列车平均晚点只有 0.3 min。

5.舒适、方便

高速铁路线路平顺、稳定，列车运行平稳，振动和摆幅很小。同时，列车车内设施齐全，坐席宽敞舒适，减震、隔音性良好，车内安静、舒适。

6.能源消耗低

根据有关方面的统计，各种交通运输工具平均每人每公里的能耗具体为：高速铁路 571.2 J，普通铁路 403.2 J，高速公路公共汽车 583.8 J、小轿车 3 309.6 J，飞机 2 998.8 J。如以普通铁路每人每公里的能耗为 1.0，则高速铁路为 1.42，高速公路公共汽车为 1.45、小汽车为 8.2，飞机为 7.44。高速列车利用电力进行牵引，不消耗石油等液体燃料，因而对环境的污染程度要低得多。

7.经济效益好

高速铁路投入运行以来，倍受旅客青睐，其经济效益也十分可观。如日本东海道新干线开通后仅 7 年就收回了全部的建设资金，自 1985 年以后，每年纯利润达 2 000 亿日元；德国 ICE 城市间高速列车每年纯利润达 10.7 亿马克；法国 TGV 年纯利润达 19.44 亿法郎。

1.1.2 高速铁路的特点

高速铁路具有高速度、技术构成复杂、集成化程度高、耦合程度高和组织一体化等特点，是当今时代发展和经济技术进步的集中体现。在安全性能上，和传统铁路相比存在着本质上的差别，是一个人—机—环—管互相交融的动态复杂巨系统。具有以下特点：

1.高速铁路速度快，系统动力学与安全问题更为重要

高速度是高速列车区别于普通铁路最根本的特征。由于高速列车的运行速度快、动能大，

其安全问题也更加突出,一旦发生事故,其后果更加严重,并直接影响高速铁路的经济优势,这就要求在列车运行过程中必须实现安全信息的实时准确获取、检测和高效处理。

2.技术构成复杂,集成化程度高

高速铁路系统是庞大而复杂的现代系统工程,由工务工程技术、桥梁和隧道技术、轨道技术、信号技术、微电子技术、计算机应用技术、通讯技术、控制技术、新型材料和完善、科学的安全保障系统以及运输组织方法等综合协调、集成创新的成果,如图 1.1 所示。

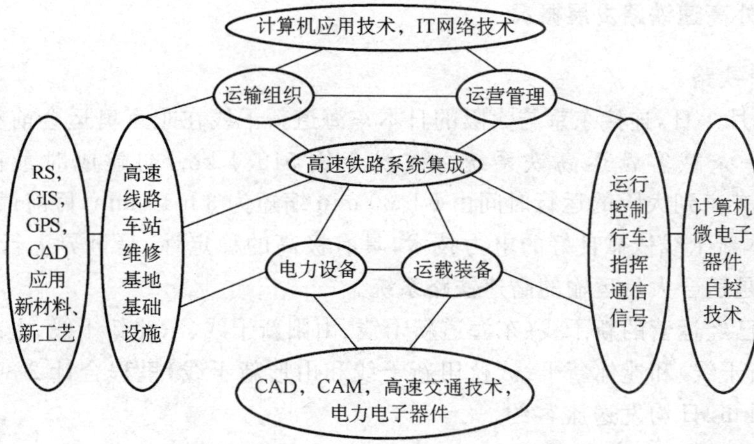

图 1.1 高新技术综合集成的高速铁路总示意图

3.耦合程度高

高速铁路是由土建、轨道、车辆、供电、通信、信号和控制多个子系统构成的复杂系统,是高质量、高稳定性的土建工程、性能优越的高速列车、先进可靠的列车运行控制系统以及高效的运输组织管理体系的集合体。只有各自系统之间高度的耦合与优化才能实现高速铁路系统的整体最优与高速列车的高速、可靠运行。

4.组织一体化

从组织与管理的一体化角度看,传统铁路主要是靠人、组织制度来进行安全保障。而高速铁路由于行车速度快、开行密度大,维持高速铁路正常运转的部门非常多,对于组织管理的一体化要求也就更高。因此,必须要实现高效的一体化管理,安全信息的沟通和共享,以及全局的决策支持。

1.2 国内外高速铁路发展现状

世界铁路经历了大建设,也经历了低潮期。随着高速铁路的出现,铁路迎来了再一次高速大发展的机会。

各国的经济刺激从某种程度上推动了世界各国的高速铁路建设,人们对环保问题的重视也为高铁发展提供了新的契机。从美国到欧洲，再到亚洲的中国、日本、越南，世界正在迈入新一轮的高速铁路建设高潮。

到 2020 年，日本高铁将从目前的 4 000 km 增加到 7 000 km；欧盟从 7 000 km 增加到 1.6 万 km；中国的高铁则将达 1.8 万 km。由此带动的世界范围内的高铁的直接投资将在 1.1 万亿美元以上，带动的产业增加值则超过 2.5 万亿美元，超过了 2008 年排名世界第七的意大利 GDP 总量。

1.2.1 国外高速铁路发展概况

1. 日本高速铁路

1964 年 10 月 1 日，连接东京与大阪的日本东海道新干线在东京奥运会前夕正式通车，这也是全世界第一条载客营运高铁系统。该线全长 515.4 km，初建成时最高运营速度为 210 km/h，把从东京到大阪的运行时间由 6 h 30 min 缩短为 3 h 10 min，目前最高运营速度为 270 km/h。日本新干线依靠良好的电力技术，具有极高的稳定性，是世界上行驶过程最平稳的列车之一，也是适合大量运输的高速铁路系统。

目前，日本已经运营的新干线（东海道新干线、山阳新干线、东北新干线、上越新干线、长野新干线和九州新干线）和迷你新干线（秋田新干线和山形新干线）里程合计 2 300 多 km，最高时速 270～300 km，日均发送旅客约 90 万人次。日本正在实施扩大全国高速铁路网的建设规划，初步计划到 2013 年建成的线路有：从八户到青森长 96.5 km 高速线（东北新干线延长线）；从青森到札幌长 300 km 的高速线（北海道新干线）；长野—富山—小松—大阪长 473 km 的高速线（北陆新干线延长线）；福冈—熊本—八代长 130.9 km 和福冈—长崎长 140 km 的九州新干线的 2 条支线。日本已运营的新干线和迷你新干线路线网如图 1.2 所示。

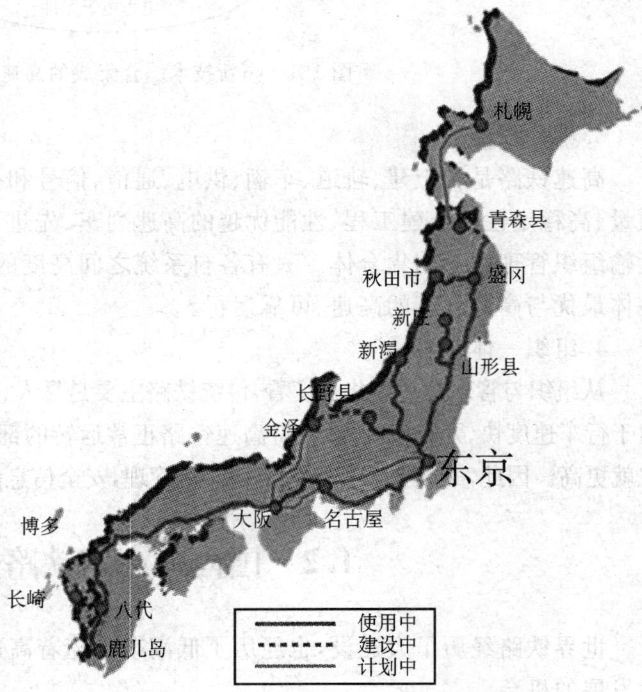

图 1.2 日本已运营的新干线和迷你新干线路线图

2. 法国高速铁路

1983 年 9 月，欧洲第一条高速铁路客运专线法国 TGV 东南线（巴黎至里昂，全长 417 km，其中新建高速铁路线 389 km）全线建成通车。TGV

高速列车最高运行时速达 270 km，巴黎至里昂间旅行时间由原来的 3 h 50 min 缩短到 2 h。

目前，在法国国内已经形成运营线路总里程达到 4 500 km 的 4 条高速走廊：从巴黎到法国东南部地区的 LGV Sud-Est 走廊；从巴黎到大西洋沿岸方向的 LGV Atlantique 走廊；连接巴黎与法国北部地区、北欧国家和英国的 LGV Nord-Europe 走廊等。

现在正在和计划修建的新高速铁路有：连接巴黎和斯特拉斯堡长 405 km 的 LGV Est. 高速线（2007 年 6 月，巴黎—波德列库尔长 300 km 区段已建成开通运营）；连接图尔和波尔多长 361 km 的 LGV Atlantique 走廊的南部方向支线等。法国高速铁路线路如图 1.3 所示。

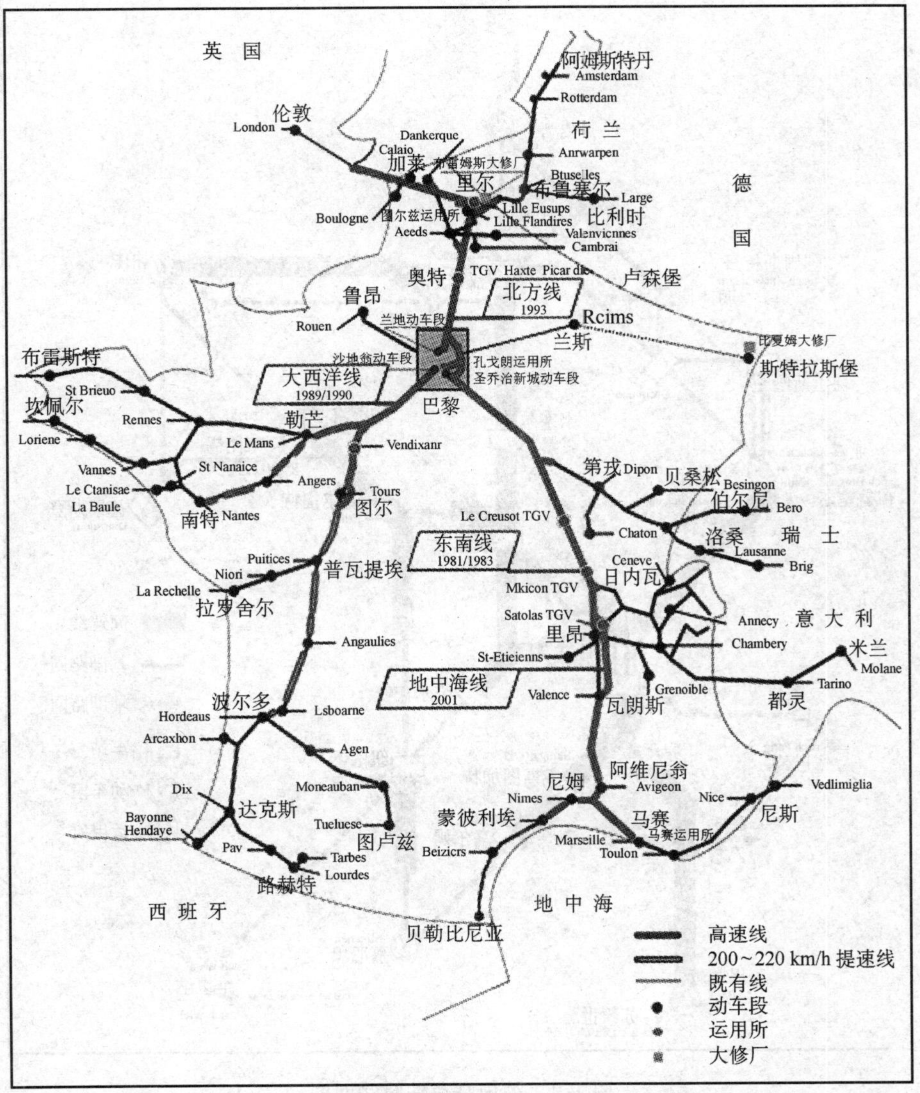

图 1.3　法国高速铁路路网图

3. 德国高速铁路

德国高速铁路主要采用的是客货混运运输组织模式，同时采用新旧线混用。已建成总长约 2 620 km 的高速运输走廊：汉堡—汉诺威—卡塞尔—法兰克福—美因—卡尔斯鲁厄；汉堡—汉诺威—富耳达—维尔茨堡—纽伦堡—慕尼黑；柏林—布劳恩斯魏克—卡塞尔—富耳达—法兰克福—曼海姆—斯图加特—乌耳姆—慕尼黑；科隆—法兰克福。其中包括允许最高运行时速达 280 km 的新建客运专线（科隆—法兰克福线为 300 km），其总长为 802 km。此外，

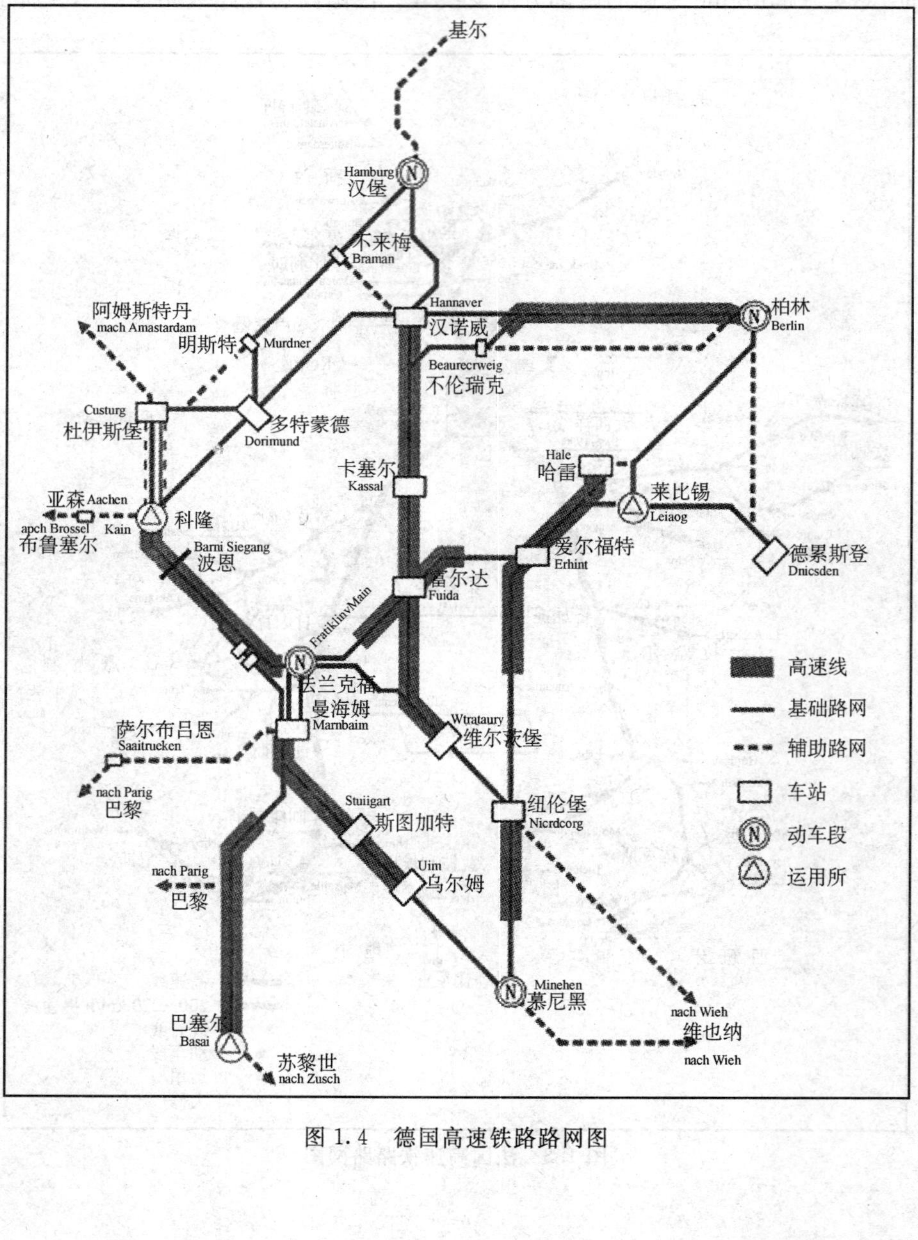

图 1.4　德国高速铁路路网图

还有按最高运行时速 200 km 进行技术改造的长 1 200 km 的既有线和最高运行时速达到 160 km的快速线。

目前,纽伦堡—慕尼黑新的高速线已建成开通运营,包括纽伦堡—因戈尔斯塔特(89 km)和因戈尔斯塔特—奥别尔曼曾格(82 km)两个区段。同时,德国准备改造其他一些既有线,实现列车高速运行。德国高速铁路线路如图 1.4 所示。

4. 西班牙高速铁路

西班牙是欧洲高速铁路建设发展最快的国家,也是欧洲建设高铁最积极的国家。截止 2007 年底,已建成总运营里程 1 026 km 的高速铁路 3 条:马德里—塞维利亚 471 km 高速线(包括改造科尔达瓦—塞维利亚和马德里—赫塔费既有线路区段);马德里—托莱多 74 km 高速线(包括改造马德里—塞维利亚高速线的 20.5 km 线路);马德里—莱里达 481 km 高速线(马德里—巴塞罗那)高速线的组成部分,装设 Etcs/ERTMS-1 级列车运行控制系统,最高运行速度 350 km/h。

目前,西班牙正在实施扩大全国高速铁路网的规划,到 2020 年扩建工程完成后,90%西班牙人能够居住在距离火车站 50 km 的范围内,铁路的时速也将达到 351 km。包括完成马德里—莱里达—巴塞罗那最后路段 160 km 的高速新线,以及巴塞罗那—菲格拉斯和菲格拉斯—佩皮尼扬两条西班牙与法国边境方向高速线建设,实现与泛欧高速铁路网联网;改造巴伦西亚—巴塞罗那一些既有线路区段,使列车最高运行时速达到 200～220 km;改造巴伦西亚—马德里—瓦里阿多里德—莱昂、塞维利亚—韦尔发、塞维利亚—加的斯和塞维利亚—马拉加既有线,实现列车高速运行;新建萨拉戈萨—毕尔巴鄂—西班牙与法国边境高速线;新建连接西班牙与葡萄牙的休达德列耳—里斯本高速线。西班牙高速铁路线路如图 1.5 所示。

5. 意大利高速铁路

在大欧洲高速铁路版图上,意大利在欧洲高速铁路建设网中的战略地位非常重要,贯穿全欧洲的三条高速铁路都途经意大利。其中,葡萄牙里斯本至乌克兰基辅的一号线,横穿意大利北部,已经建成使用的米兰至都灵段,就是该线路的其中一段。目前,都灵至法国里昂段正在修建之中。而米兰至威尼斯段是在原有线路上改建而成的,目前可以开行时速达 200～250 km的高速列车;欧洲高铁二号线的起点是德国汉堡,经奥地利进入意大利后,在维罗纳与欧洲高铁一号线相交,穿过意大利后至阿尔巴尼亚首都地拉那;欧洲三号高铁将连接两大海港城市,荷兰的鹿特丹和意大利的热那亚,在米兰与一号高铁相交。

意大利第一条高速铁路是 1992 年修建的罗马至佛罗伦萨长达 310 多 km 的线路,这条高速线当时虽然按照 300 km 的时速标准设计建造,但与另一条与它平行的慢速线是兼容的。目前,在这段高速线上既开行“欧洲之星”子弹头列车,也开行“城际快车”,在进入罗马和佛罗伦萨区域的路段,甚至还开行“E 慢车”,这使得目前速度最快的“红箭”和“银箭”子弹头高速列车只能在时速 200～250 km 之间运行。1998 年意大利对米兰—博洛尼亚段(180 km)铁路进行重大升级,车速提高至时速 300 km。这是继罗马—那不勒斯(222 km)、博洛尼亚—佛罗伦萨

(91 km)和佛罗伦萨——罗马(422 km)段之后第 4 条升级铁路,这标志着意大利的高速铁路网计划已完成一半。

图 1.5　西班牙高速铁路路网图

2008 年 12 月,作为通向罗马的高速铁路一部分,米兰—博洛尼亚高速铁路正式投入运营;2009 年 12 月 5 日,米兰至都灵之间的高速铁路在历时四年左右的建设后,也正式投入运行。这标志着高速铁路将意大利的罗马、米兰、那不勒斯、都灵、佛罗伦萨和博洛尼亚这六大城市连为一线的时代即将到来。2010 年,意大利铁路建设史上最艰巨的工程—博洛尼亚至佛罗伦萨段高速铁路将全线贯通,高速铁路在博洛尼亚至佛罗伦萨间只需开行 35 min。图 1.6 为意大利高速铁路规划图。

6. 韩国高速铁路

作为京釜高速铁路的第一阶段,2004 年 4 月 1 日,经过 18 年的论证、筹划和 12 年的建设,全长 398.4 km 的京釜高速铁路最终开通,韩国至此也步入了铁路高速化时代。从 2004 年到 2010 年作为第二阶段,经由庆州的大邱—庆州—釜山区间(130.4 km)铺设新线后才能完全开通。京釜高速铁路的开通将使韩国逐步形成涵盖全国百分之七八十人口的高速铁路运营机制,经济和社会活动方式也将会由此改变。

图 1.6 意大利高速铁路路网图

京釜高速铁路采用法国阿尔斯托姆公司的高速列车技术，将首尔、天安、大田、大邱、釜山等大中城市串在一起。京釜高速铁路正常运行时速达 300 km，最高时速可达 350 km。两个终点站首尔至釜山的全程运行时间也由 2 h 40 min 最终缩短为 1 h 56 min。高速铁路的开通使得沿线居民可以在一天内进行异地探亲、商务、休闲、旅游和文化等活动。京釜高速铁路的开通也名副其实地将韩国带入“半天生活圈”，人们的生活半径和活动范围将明显扩大和拓宽，生活方式和生活节奏将逐渐发生变化。

继“京釜高速铁路”第二阶段建设计划之后，“湖南高速铁路”第二阶段建设计划也已经确定。“湖南高速铁路”位于韩半岛西部，是从首尔经由光州到木浦的湖南地区的交通干线。推行“湖南高速铁路”第二阶段建设计划将为促进落后的湖南地区的发展起到积极作用。“湖南高速铁路第二阶段建设计划”的主要内容是建设从五淞至木浦的 230 km 路段。按照计划，全部工程在 2017 年以前结束。五淞至光州路段到 2015 年，光州到木浦路段则预计在 2017 年完工。湖南高速铁路完成以后，从首尔到光州的时间将缩短 60 min，1 h 33 min 就可从首尔抵达光州。从首尔到木浦将缩短 79 min，仅需 1 h 46 min 即可从首都首尔抵达位于韩半岛西南端的木浦港。

可以预见，湖南高速铁路和京釜高速铁路第二阶段建设计划完成以后，国民生活的质量将会大幅提高，旅客和货运的流动速度也将大大加快，因而对国土的均衡发展和国家竞争力的提升将大有裨益。到了2017年，原本局限于京釜交通干线的半天时间，将扩大到湖南地区。在半天的时间里，即可从首都首尔抵达光州和木浦地区，这有助于促进韩半岛西南部地区的发展。韩国高速铁路路网如图1.7所示。

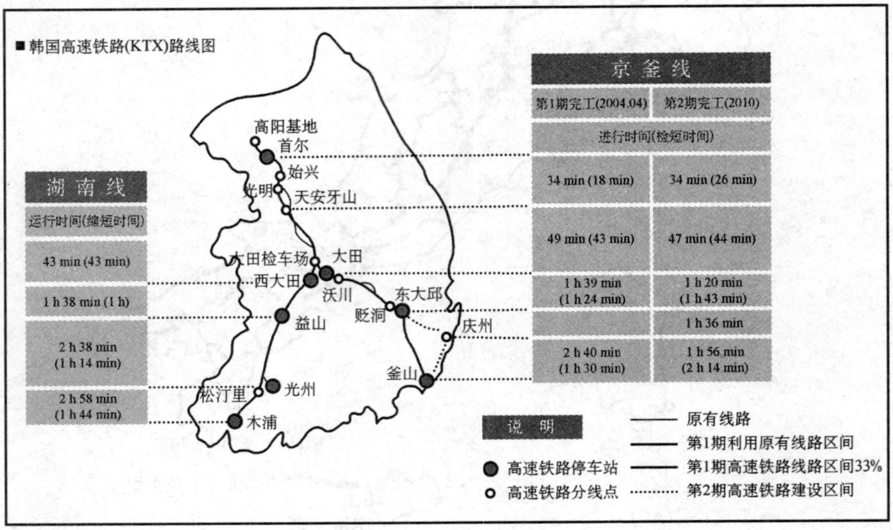

图1.7　韩国高速铁路路网图

7.其他国家

据统计，未来10年中，欧洲9个拥有高速铁路的国家将总共投入2 000亿美元，使目前总长为7 000 km的铁路线延长至1.6万km。根据长远规划，欧洲将打造两条高铁干线：一条途经巴黎、德国慕尼黑、奥地利首都维也纳和匈牙利首都布达佩斯；一条连接德国汉堡、法兰克福、法国里昂和西班牙巴塞罗那。

英国将建设欧洲最快的高铁。2009年12月30日，英国交通部长安德鲁·阿多尼斯表示，英国交通部准备在2010年3月底之前提出高铁具体的兴建方案，并拟定第一阶段工程的施工路线。这段高铁的规划线路从伯明翰、曼彻斯特、利兹、雪菲尔、纽卡索一路到苏格兰，总长为200多km。这条高速铁路预定于2025年开始营运，其时速可达320 km，可望超越法国高铁(TGV)与西班牙的新高铁，成为全欧洲最快的铁路。

2009年12月，俄罗斯的莫斯科—圣彼得堡高铁首次投入运行。这条高铁引进的是德国西门子的Velaro高铁列车技术。该型列车在俄罗斯称为Сапсан，最高时速为250 km。在这一项目完成之后，俄罗斯还将修建速度更快的铁路。未来，在莫斯科—下诺夫哥罗德之间以及乌拉尔地区和滨海边疆区也有可能出现高速铁路。此外，俄罗斯还计划在2030年前完成对连接莫斯科和符拉迪沃斯托克之间的世界最长铁路的现代化改造。

巴西也是建设高铁最热衷的国家之一。由于里约热内卢将举办 2014 年世界杯，目前巴西正计划开通总长约 440 km 的高铁以连接圣保罗等城市。

在印度，虽然拥有亚洲最密集的铁路网，但其铁路铁轨标准仍未实现完全的统一，且绝大部分列车都已经破旧不堪，铁路控制系统也无法满足现代化铁路的要求，因而列车正点到达"反而显得不正常"。从 2007 年开始，印度媒体曾多次呼吁建设高铁。

越南计划建设一条连接首都河内到胡志明市全长约 1 700 km 的"南北高速铁路"，工程费用约 560 亿美元。

巴基斯坦、土耳其则计划投资 200 亿美元，建设欧亚高铁，将现有连接巴基斯坦首都伊斯兰堡和土耳其第一大城市伊斯坦布尔的普通铁路升级为高速铁路，以增加货物运输能力。升级后的高速铁路最终有可能与欧洲铁路网相连接。

早在 2008 年，沙特国王阿卜杜拉就正式批准了一项耗资高达 70 亿美元的西部高速铁路建设计划。这条电气化高速铁路全长约 500 km，主要连接沙特西部的麦加、吉达和麦地那三个城市。高铁建成后预计列车时速将超过 300 km。吉达到麦加的行驶时间将缩短为 30 min，吉达到麦地那的行驶时间将缩短至不到 2 h。

1.2.2 我国高速铁路发展概况

1.既有线的提速建设

为探索我国高速铁路的发展模式，1994 年 12 月 22 日，中国第一条时速为 160 km 的准高速铁路广深准高速铁路正式建成通车。160 km 的时速既是准高速的起点，也是通往 200 km/h 及其以上高速的桥梁，还是传统技术的延伸与新技术发展的接续点。实现 160 km/h 的行车速度，符合我国现有机车车辆、线路、通信信号等设备的实际情况，并为我国铁路向高速发展及既有线提速提供了宝贵的经验。

我国铁路系统自 1997 年至 2004 年间进行了五次大面积的提速，基本形成了京沪、京哈、京广、京九铁路组成的"四纵"以及陇海加兰新、沪杭加浙赣铁路组成的"两横"的快速铁路网络，总长达 1.6 万 km。经过五次大提速，全路旅客列车平均旅行速度达 67.5 km/h，直达特快列车旅行速度达 129.2 km/h，特快列车旅行速度达 92.8 km/h，全路时速 120 km 以上的线路里程达 16 500 km，其中时速 160 km 及以上提速线路 7 700 km，时速 200 km 的线路里程达1 960 km。

2007 年，通过引进、消化、吸收、再创新，具有自主知识产权、时速达 250 km 的和谐号动车组(CRH1 型、CRH2 型和 CRH5 型)正式批量下线，并成功运用于铁路第六次大面积提速。自 2007 年 4 月 18 日零时起，我国铁路正式实施第六次大面积提速和新的列车运行图，最高时速达可达 250 km，这已是既有线上的最高速度。第六次提速共涉及京哈、京沪、京广、陇海、兰新等 18 条线路，旅客列车最高运行速度达到 120 km/h 及以上的线路延展里程达到 2.2 万 km。经过六次大面积提速，中国铁路不仅实现了百年发展历史上的时速高达 200 km 的动车组，时速 120 km、5 000 t货物重载列车零的突破，而且创造了世界铁路既有线整体性，系统性提速改造客货共线的运行的新模式，极大地推动了我国铁路运输生产力的发展。

2. 高速铁路的建设

几年来，通过原始创新、集成创新和引进消化吸收再创新，我国高速铁路技术取得了迅猛发展，在技术上与运营上积累丰硕。

1999 年 8 月 16 日秦沈客运专线全面开工，2003 年 10 月 12 日正式运营。秦沈客运专线是中国自己研究、设计、施工的时速 200 km 的第一条快速客运专线，是中国铁路步入高速化的起点。秦沈客运专线的设计、施工、运营，对带动中国铁路综合技术水平的大幅提高，进一步加快中国客运高速化的进程发挥了重要作用。

2008 年国务院批准了《中长期铁路网规划》(2008 年调整)，规划到 2020 年将建成 16 000 km 时速 250 km 以上的高速铁路；在“十一五”期间，中国铁路将建成 7 000 km 世界上最大的高速铁路网络；到 2012 年将建成 12 500 km 的高速铁路，其中时速 250 km 高速铁路 6 000 km，时速 350 km 高速铁路 6 500 km，建成京哈、京沪、京广、沿海通道、沿江通道、沪昆通道、东陇海、青太等高速铁路构成“四纵四横”高速铁路网的基本构架，城际高速铁路覆盖环渤海、长三角和珠三角经济圈。

2008 年 8 月 1 日，具有自主知识产权、最高时速 350 km 的 CRH3 型和 CRH2-300 型和谐号动车组正式在京津城际铁路投入运营。京津城际铁路是中国最早开工建设并最先建成的第一条高标准铁路客运专线，连接北京和天津两大直辖市，全长 120 km，其中 87% 为桥梁工程，采用公交化城际列车和跨线列车混合开行的运输组织模式，全程直达运行时间在 30 min 内，列车最小追踪间隔 3 min。通过自主创新，京津城际铁路在高架桥梁线路设计、无砟轨道、无缝线路、列车运行控制、节能环保、安全防灾和舒适性设计等方面都取得了重大突破，并实现了成套装备国产化，基本形成有高速列车、工务工程、牵引供电、运行控制、客运服务、运营调度等子系统构成的中国高速铁路技术体系，是我国铁路跨越式发展的标志性和示范性工程。

2008 年 4 月 18 日，京沪高速铁路全面开工建设，并计划于 2011 投入运营，届时北京到上海只需要 5 h。京沪高速铁路是《中长期铁路网规划》中投资规模最大、技术含量最高的一项工程，也是我国第一条具有世界先进水平的高速铁路，总投资 2 209.4 亿元，正线全长约 1 318 km，共设北京、天津、济南、蚌埠、南京、无锡、苏州、上海等 23 个客运车站，与既有京沪铁路的走向大体并行，全线为新建双线，设计时速 350 km，初期运营时速 300 km，最高时速可达 380 km，是目前世界上一次建成线路最长，标准最高的高速铁路。京沪高速铁路主要依靠自主创新技术：第一，首次实现全线无砟轨道，避免了可能存在的路基下沉问题，保证铁路线长时间安全运行；第二，首次全线以桥代路，既保证了运行效率，又节约了土地；第三，采用全程智能化操作。

2009 年 4 月 1 日，作为中国开工最早的高速铁路石太客运专线(2005 年 6 月 11 日开工)正式通车。石太客运专线连接河北、山西两省省会，正线线路全长 189.93 km，东起石家庄北站，途经河北石家庄市、鹿泉市、井陉县，山西省盂县、寿阳县、阳曲县和太原市，止于太原站。全线采用双线、全封闭、全立交设计，使用电力牵引，目标时速为 250 km，并新建了井陉北、阳泉北、东陵井三个车站。石太客运专线是全国“四纵四横”快速客运骨架网之一，是铁路网“八纵八横”主通道的重要组成部分，也是我国煤炭运输的一条主通道，通过与既有铁路实现客货分线，将显著增加通道能力和晋煤外运能力，对于缓解煤炭运输紧张状况、促进经济平稳较快发展具有重要意义。

2009 年 12 月 26 日，全长 1 068.6 km 的武广客运专线正式开通运营，同时首发国产时速 350 km 和谐号高速列车，标志着我国步入高速铁路新时代。美国 CNN 报道称：“这种时速高达 350 km、节能高效的火车比欧洲、日本的高铁还要快，使美国的 ACELA 快车看起来像游乐场里的小火车。”

武广客运专线是我国《中长期铁路网规划》中京广高速铁路的重要组成部分，纵跨湖北、湖南、广东三省，北起武汉站，途经咸宁、岳阳、长沙、株洲、衡阳、郴州、韶关、清远等市，南到广州南站，全线铺设无砟轨道，桥隧比例 66.7%。该线路采用世界上最先进的国产“和谐号”高速列车和牵引供电、列车控制、行车指挥等系统，行车密度可达 3 min。该线路是迄今为止世界上一次建成里程最长、运营速度最高的高速铁路，从武汉到广州仅需 3 个多小时。武广客运专线对于实现珠江三角洲经济转型和“泛珠三角”区域各省区经济结构互补，以及对促进鄂湘粤及周边地区的合作，推动区域经济协调发展均具有重要的意义。目前，武广客运专线已入选中国世界纪录协会中国里程最长、技术标准最高、投资最大、票价最高的铁路客运专线，创造了多项世界之最、中国之最。

2010 年 2 月 6 日，中国中西部首条时速达 350 km 的郑西高铁(河南郑州至陕西西安)投入运营。这是中国中西部地区第一条高速铁路，也是世界上首条修建在大面积湿陷性黄土地区的高速铁路。郑西高铁是《中长期铁路网规划》中“四纵四横”徐州至兰州高速铁路的重要组成部分，该线自郑州站引出，经河南荥阳、巩义、洛阳、渑池、三门峡、灵宝，陕西华山、渭南、临潼等市，终到西安站，线路全长 505 km，列车运行时速达 350 km，郑州至西安列车直达最短时间由 6 个多小时缩短至 2 h 以内。郑西高速铁路是中国又一条具有世界一流水准的长距离干线高速铁路，全线广泛应用了具有世界先进水准的技术。郑西高速铁路的建成投入运营，将有效缓解既有陇海铁路郑州至西安通道运输紧张状况，更好地适应中西部地区日益增长的客货运输需求。

2010 年，铁道部通过了对西成客运高速铁路初步设计文件的预审查，并计划与年底开工，2014 年建成。西成高速铁路北起西安，南至成都，沿途经过汉中、广元、江油，线路全长 500 余 km，其中四川段长约 170 km。设计时速 250 km，目标值 350 km，工程预估算投资平均每公里达 1.4 亿元左右。该线路的建设，有助于完善西部地区铁路网建设，线路北与建设中的郑西客运专线相连接，南可接规划中的成昆、成贵铁路，有利于加强关中地区、西南地区与周边地区之间的联系。建成后西安至成都的行程时间将缩短为 2 h，成都到北京的交通时间北京缩短至 8 h以内。

截至 2010 年 6 月，我国投入运营的高速铁路(包括新建高速铁路和既有线提速达到时速

200～250 km 的线路)已超过 6 500 营业公里,居世界第一位,时速 200～350 km 的高速铁路有 3 676 营业公里,并且形成了独有的运营模式。我国已投入运营、在建和待建的部分线路如表 1.1 所示。

表 1.1 我国部分高速铁路列表

序号	线路名称	起始点	里程(km)	运营状态	开通运营时间
1	秦沈客运专线	秦皇岛—沈阳	404	运营	2003.10.12
2	胶济客运专线	青岛—济南	362.5	运营	2008.7.20
3	京津城际铁路	北京—天津	120	运营	2008.8.1
4	石太客运专线	石家庄—太原	189.93	运营	2009.4.1
5	温福铁路	温州—福州	298.4	运营	2009.9.28
6	甬台温铁路	宁波—温州	268	运营	2009.9.28
7	武广客运专线	武汉—广州	1 068.6	运营	2009.12.26
8	郑西高速铁路	郑州—西安	505	运营	2010.2.6
9	福厦高铁	福州—厦门	274.9	运营	2010.4.26
10	京沪客运专线	北京—上海	1 318	建设中	预计 2011 年通车
11	哈大客运专线	哈尔滨—大连	904	建设中	预计 2011 年底通车
12	京沈高速铁路	北京—沈阳	684.3	待建	预计 2012 年通车
13	西成高速铁路	西安—成都	500	待建	预计 2016 年通车

从秦沈客运专线到京津城际铁路、京沪高速铁路,再到石太客运专线、武广客运专线、郑西高速铁路、西成高速铁路,我国铁路正在建设以北京为中心的 1～8 h 交通圈。根据计划,在交通圈建成后,乘高速列车从北京出发,1 h 内可到达天津、石家庄、唐山、秦皇岛、张家口、承德等城市;2 h 到达沈阳、济南、郑州、太原等城市;3 h 能到达长春、大连、南京、合肥、呼和浩特等城市;4～8 h 能到达哈尔滨、西安、上海、杭州、武汉、南昌、福州等城市。除乌鲁木齐、拉萨等个别城市外,北京到全国各省会城市都将在 8 h 以内。

中国高速铁路不断发展和进步,对进一步扩大中国铁路国际知名度,推出中国铁路技术和标准体系,打造中国铁路品牌,大力开拓国际市场,加快实施铁路"走出去"战略,取得国际合作成果,将产生重要而深远的战略意义。

1.3 高速铁路运营安全保障技术体系

高速铁路带来的变革,使其在安全保障、运输组织与管理的一体化、旅客服务三个方面的要求都远高于传统铁路，其中，安全是高速铁路运营的第一要素，它的安全性不仅要在规划、设计、建设和验收时给予充分考虑，并且在运营管理中也要不断研究、改进和提高。

日本在高速铁路运营安全保障体系的研究和建设中十分注重系统性，将安全保障的概念贯穿于整个高速铁路运营管理中，大致经历了三个发展阶段：列车自动控制（ATC）和调度集中（CTC）、计算机辅助的运营管理（COMTRAC）和计算机化安全、维护与运营（COSMOS）。

法国高速铁路创造了当前世界轮轨系交通的最高试验速度 515.3 km/h，运营速度也达到 300～320 km/h，其安全保障体系以 TVM-430 机车信号自动控制系统为核心，依靠车—地之间可靠的通信将列车、沿线设备和控制中心联系起来，还增加了设备监测和报警子系统，进一步强化了列车运行安全的保障功能。

1.3.1 基本概念

不同国家对高速铁路运营安全保障技术体系的定义不同，针对本书的研究内容从以下几个方面给予阐述：

定义 1.1 体系

体系泛指一定范围内或同类的事物按照一定的秩序和内部联系组合而成的整体。

定义 1.2 技术体系

技术体系是指各种技术之间根据自然规律、社会规律和社会条件，相互依存、相互作用并以一定的方式相互联结而形成的整体。本书认为高速铁路运营安全保障技术体系应该是由保障高速铁路运营安全的包括工务工程、牵引供电、通信信号、电动车组、信息系统、运用维修、检测、监控和安全评估等技术组成的有机整体。

定义 1.3 信息系统

信息系统是由计算机硬件、网络和通讯设备、计算机软件、信息资源、信息用户和规章制度组成的以处理信息流为目的的人机一体化系统。本书定义的高速铁路安全保障信息系统是指利用先进的计算机技术和网络设备，实现信息的传递及共享，帮助技术、管理人员及时辨识危险源并提出解决措施，减少人员伤亡、减轻事故损失和避免事故灾难的扩大，主要包括列车运行控制系统、环境监测与灾害预测报警系统、设施装备的监测和在线诊断系统和事故救援和减灾系统等。

1.3.2 高速铁路运营安全保障技术体系框架

随着高速铁路的快速发展，对高速铁路运营安全保障的研究应该实现由以前出了事故再去救援的被动安全理念向以信息技术为实现手段的、积极的、涉及从状态获取、综合判断、预警一直到事故后的应急救援“主动安全理念”的转变。因此，建立一套科学的、系统的高速铁路运营安全保障技术体系对保证高速铁路高效正常运营，最大限度地保障乘客的生命安全，减少损失，维护社会稳定和提高高速铁路经济效益具有重要的意义，已成为高速铁路安全管理工作的当务之急，必须予以重视和完善。

高速铁路运营安全保障技术体系是以保障高速铁路运营安全为总体目标，结合线路自身的特点，以与运营安全相关的固定设施、移动设备等为检测、监控和管理对象，以先进、成熟、经济、适用、可靠的信息技术为支撑，以信息系统为管理手段，通过不断集成与创新形成的对高速铁路运营安全态势分析、对可能发生的事故进行预警以及事故发生后应急救援的有机整体，以此指导高速铁路运营安全保障的控制、管理和决策工作，其总体框架如图 1.8 所示。

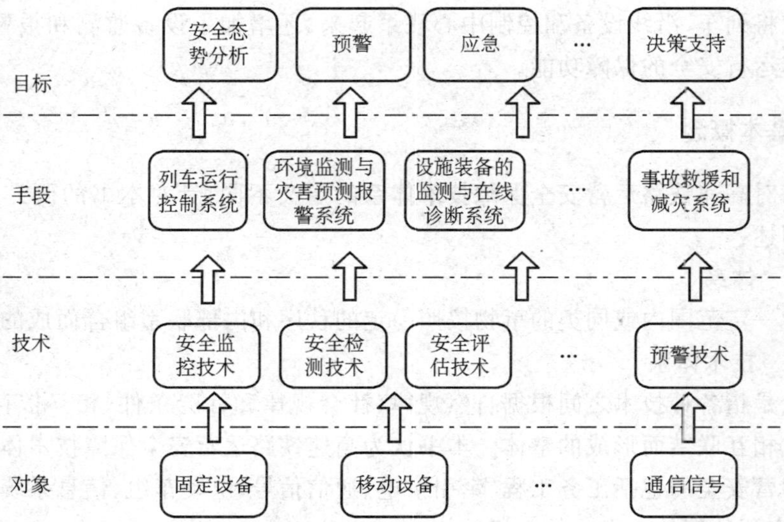

图 1.8　高速铁路运营安全保障技术体系总体框架

高速铁路运营安全保障技术体系的核心是信息技术的全面综合集成应用，应满足以下特征：

1.系统性

高速铁路运营安全保障技术体系要从安全系统工程的角度出发，一方面，要保证高速铁路各种基础设施和关键装备的先进性、可靠性和安全性基本要求；另一方面，高速铁路各子系统都是实现系统总体安全目标不可缺的组分，都承担着特定的、不同方面的、不同层次的、分工明确的行车安全保障任务，该体系应该通过各子系统的功能集成获得最大的系统总功效。

2.综合性

综合开发和利用监控和检测到的高速铁路运营安全相关状态信息，有效地辨识系统中潜在的危险因素，从而能够客观地分析高速铁路运营安全态势，以便采取相应的对策来不断提高、改善高速铁路运营安全水平。

3. 高效性

高速铁路运营安全保障技术体系应以运营安全信息流作为指导、协调和管理高速铁路运营的依据，加强车、机、工、电、辆各部门之间以及与系统外相关部门之间的协作效率，从而能够更全面实施控制，做出各个层面的科学决策，保证高速铁路运营安全保障管理工作的高效性。

复习思考题

1. 请阐述国内外高速铁路的发展现状。
2. 请阐述高速铁路运营对安全保障技术的需求。

2 高速铁路技术及装备体系

高速铁路在激烈的客运市场竞争中以其突出的优势，在世界诸多经济发达国家和地区已占据了城际干线地面交通的主导地位，其根本原因是基于轮轨系的高速技术充分发挥了既先进又实用的特点。高速铁路虽源于传统铁路，但借助于多项高新技术已全面突破了常速铁路的概念，形成一种能与既有路网兼容的新型交通系统。

2.1 高速铁路固定设备

列车与线路是相互依存、相互适应的关系，列车是载体，线路是列车运营的基础，高速运行的列车要求线路具有高平顺性、高稳定性、高精度、小残变和少维修性，并要求具有良好的环境保护性。只有这样，才能保证列车运行的高速、平稳和安全。下面从路基、轨道、无缝钢轨、桥梁、隧道、车站、接触网来说明高速铁路的固定设备。

2.1.1 路 基

路基是轨道的基础，也叫线路下部结构。高速铁路路基应按土工结构物进行设计，其地基处理、路堤填筑、边坡支挡防护以及排水设计等必须具有足够的强度、稳定性和耐久性，使之能抵抗各种自然因素作用的影响，确保列车高速、安全和平稳运行。与普通铁路路基相比，高速铁路路基主要表现为以下三个特点：

1. 高速铁路路基的多层结构系统

高速铁路线路结构，已经突破了传统的轨道、道床、土路基这种结构形式，既有有砟轨道也有无砟轨道。图 2.1 为日本高速铁路板式轨道的基本结构形式之一。基床表层也称为路盘或

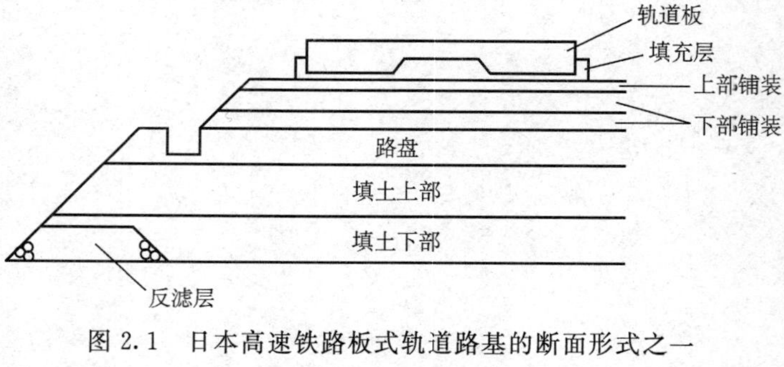

图 2.1 日本高速铁路板式轨道路基的断面形式之一

强化路盘，厚 30 cm，强化路盘的表层为 5 cm 厚的沥青混凝土，其下为级配碎石（或高炉矿渣）。

2. 控制变形是路基设计的关键

高速行车对轨道变形有严格的要求。因此，变形问题便成为高速铁路设计所要考虑的主要控制因素。1964 年建成的日本东海道新干线当时的最高运营时速为 210 km，由于其在设计中仅仅采取了轨道的加强措施，而忽略了路基的强化，从 1965 年开始因为路基的严重下沉致使路基病害不断，线路变形严重超限，不得不对线路以年均 30 km 以上的速度大举整修，10 年内中断行车 200 多次，列车运行平均速度也降到 100～110 km/h。

3. 在列车、线路这一整体系统中，路基是重要的组成部分

路基变形问题相当复杂，是一个世界性的难题。日本及欧洲的一些国家虽然实现了高速，但他们都是通过采用高标准的昂贵的强化线路结构和高质量的养护维修技术来弥补这方面的不足。日本对此不惜代价，在上越和东北新干线上，高架桥延长米数所占比例分别为 49%和 57%，路基仅占 1%和 6%。

因此，在高速铁路技术研究中，无论机车车辆、轨道结构或路基、桥梁、隧道专业，都应当把自己的问题放在整个系统中去考察。设计中所采用的设计参数应当使系统的各个部分相互间有合理的分配。对于路基来说，这些参数主要是弹性系数、阻尼、参振质量、变形模量、动刚度、固有频率以及与之相联系的压实度和含水量等。

2.1.2 轨　道

高速铁路的行车特点是高速度、高密度和小编组，为实现列车的高安全性和高乘坐舒适性，轨道结构必须具备高平顺性和高稳定性。轨道结构的高平顺性要通过建设初期的质量控制和开通运行后的养护维修控制来实现。轨道结构的高稳定性不仅需要选用高可靠性的轨道部件，保持轨道纵向刚度均匀性，而其提高大机养修作业精度、增加养修作业后的安全储备量，也是实现轨道结构高稳定性的重要手段之一。其中高平顺性是高速铁路对轨道的最根本的要求，也是建设高速铁路的控制性条件，轨道结构高平顺的核心是保持轨道结构良好的几何状态，主要由轨道部件的高精度、铺设高精度、养护维修质量的高精度来控制。国外高速铁路轨道铺设精度、我国速度大于等于 300 km/h 线路轨道铺设精度、运营速度 300 km/h 轨道几何偏差标准差要求分别见表 2.1、表 2.2、表 2.3。

按照有无砟石，轨道可以分为有砟轨道和无砟轨道。在铁路上，“砟”的意思是路基用的小块石头。传统的铁路轨道通常由两条平行的钢轨组成，钢轨固定放在枕木上，之下为小碎石铺成的路砟。路砟和枕木均起加大受力面、分散火车压力、帮助铁轨承重的作用，防止铁轨因压力太大而下陷到泥土里。此外，路砟（小碎石）还有几个作用：减少噪声、吸热、减震、增加透水性等。这就是有砟轨道。传统有砟轨道具有铺设简便、综合造价低廉的特点，但容易变形，维修频繁，维修费用较大。同时，列车速度受到限制，这种铁路不适于列车高速行驶。世界高速铁路的发展证实，无砟轨道是高速铁路工程技术的发展方向。无砟轨道由铁轨、扣件、单元板

组成，起减震、减压作用，采用谐振式轨道电路传输特性技术，轨枕本身是混凝土浇灌而成，而路基也不用碎石，铁轨、轨枕直接铺在混凝土路上。无砟轨道是当今世界先进的轨道技术，可以减少维护、降低粉尘、美化环境，具有轨道平顺性高、刚度均匀性好、轨道几何形位能持久保持、维修工作量显著减少等特点，而且列车时速可以达到200 km以上。

表2.1　国外高速铁路轨道铺设精度

项　目	EN标准		法　国	德　国	西班牙	日　本
速度(km/h)	250～300	200～250	＞200	＞200	＞200	＞200
轨距(mm)	±2	±2	—	—	±3	—
水平(mm)	±2	±2	3	±2	4	2
高　低	2 mm/10 m 2 mm/20 m	3 mm/10 m 4 mm/20 m	3 mm/10 m	2 mm/5 m	3 mm/10 m	2 mm/10 m
轨　向	2 mm/10 m 2 mm/20 m	3 mm/10 m 4 mm/20 m	2 mm/10 m	2 mm/10 m	3 mm/10 m	2 mm/10 m
扭　曲	3 mm/3 m	3 mm/3 m	3 mm/3 m	—	4 mm/3 m	1.5 mm/2.5 m

表2.2　我国速度大于等于300 km/h线路轨道铺设精度

项　目		高低	轨向	水平	扭曲(6.25 m)	轨距
有砟轨道	幅值(mm)	2	2	2	2	±2
无砟轨道	幅值(mm)	2	2	1	—	±1
道　岔	幅值(mm)	2	2	2	—	±1
弦长(m)		10		—		

表2.3　运营速度300 km/h轨道几何偏差标准差要求

波长(m)	高低标准差(mm)		轨向标准差(mm)	
	目标值	极限值	目标值	极限值
3～25	1.0	1.5	0.7	1.0
25～70	2.0	3.0	1.3	2.0
70～120	2.7	4.0	3.4	5.0

2004年9月，铁道部决定在遂(四川遂宁)渝(重庆)铁路建设我国首条无砟轨道试验段，正线全长13.16 km。2007年1月3日，遂渝铁路无砟轨道试验段开始综合试验。

2008年8月1日，中国第一条最高时速350 km的高速铁路——京津城际客运专线正式通车并投入运营。京津城际铁路首次大面积使用无砟轨道技术，主要结构均采用高性能混凝土，线下结构与无砟轨道系统实现了高精度的对接。

2009 年 12 月 26 日，世界上里程最长、运营速度最快的高速铁路——武广客运专线投入运营。武广客运专线始于武汉新武汉站，到达广州的新广州站，全长约 1 068.6 km，设计时速 350 km，其中铺设无砟轨道 948.218 km（主要为德国的雷达 2000 型轨道，部分采用日本的板式轨道）。

日本、德国都有适合自身的轨道技术。日本的轨道为了适应多地震的情况，采用板式轨道，在真正的轨道板下还要铺设两层基础层，以便地震等破坏情况发生后，减震并且只需抽取基础层，轨道板仍可继续使用；而德国轨道铺设技术简便，采用双块式，轨道两边两块，中间用水泥混凝土连接，技术实施简单。武广线上使用这两种轨道技术，以便积累经验，看看哪种技术更适合中国哪一类的地质地理情况。

根据各国的使用经验，无砟轨道与有砟轨道的优缺点见表 2.4。

表 2.4 无砟轨道及有砟轨道的优缺点

性能	无砟轨道		有砟轨道	
	优点	缺点	优点	缺点
可靠度	线路平面几何形状易于保持	不允许地基沉降	容易实现沉降的调整	线路平面几何形状不易保持
	有较高的运输能力			较低的运输能力
	有较高的承载能力			较低的承载能力
使用寿命	60 年	一旦维修，需较长时间中断行车	出现问题容易维修，且维修时间较短	30 年
投资成本	维修费用：每年每千米 400 欧元	建设费用：每千米 80 万欧元	建设费用：每千米 35 万欧元	维修费用：每年每千米 7 000 欧元
	节约用地	一旦出现损伤，维修费用较高	一旦出现损伤，维修成本较低	用地较多
	列车脱轨后损失较小	必须设置特殊结构的过渡段	不需要设置过渡段	每 15 年需要更换道砟
舒适性	最大速度可达 330 km/h			最大速度可达 280 km/h
	能适应较高的荷载要求			不能适应较高的荷载要求
环境	选线更自由	需要更高降噪标准	较小降噪处理	选线的自由度较小
安全性	列车在高速运行中无道砟飞起			列车在高速运行中会出现道砟飞起
	便于公路救援车在混凝土板上行驶			公路救援车无法行驶

图 2.2 为高速铁路有砟轨道和无砟轨道图。

(a)有砟轨道　　(b)无砟轨道

图 2.2　高速铁路有砟轨道和无砟轨道

道岔作为轨道的重要组成部分，是高速铁路必不可少的线路设备。高速铁路道岔若按速度档次分类，可分为常速道岔、准高速道岔、高速道岔和超高速道岔；按股道方向还可分为直高速道岔和侧向高速道岔两类。图 2.3 为我国研制的 350 km/h 高速道岔。

图 2.3　我国研制的 350 km/h 高速道岔

2.1.3　无缝钢轨

铁路线路是由一根根钢轨连接起来铺成的。钢轨受轧钢设备和中途运输条件的限制，每根的长度不能太长，早期的标准长度为 12.5 m，后来加长为 25 m。由于钢轨暴露在空气中，受到年温差和日温差变化的影响，会时胀时缩，因此两根钢轨接头处留有一定的间隙，钢轨两头部预留螺孔，用夹板(叫做鱼尾板)和螺栓将两根钢轨连接，每节车厢的每个轮对通过钢轨接头处时，会产生剧烈振动，使旅客感到不舒适。

为了减少钢轨接头，经试验，已成功地将标准长度的钢轨焊接成数百米长一段的钢轨铺设线路。首先在工厂将 25 m 的钢轨焊接成长的长轨，用专门的车辆运到工地，然后在工地再焊接成更长的钢轨，这种焊接的长钢轨就叫做“无缝钢轨”，也叫无缝线路、长钢轨线路。无缝钢轨不是几千公里没有缝隙的，而是把 25 m 长的钢轨焊接起来连成几百米长甚至几千米长，然后再铺在路基上。图 2.4(a)为工人在焊接无缝钢轨，图 2.4(b)为建好的无缝钢轨。

与普通线路相比，无缝线路减少了接头鱼尾板和螺栓，节省了大量钢材，消除了车轮对钢轨轨头的冲击，从而提高了列车运行的速度和平稳度，延长了线路设备和机车车辆的使用寿命，减少了振动和噪声的环境污染以及线路养护维修的工作量，是铁路高速、重载的必要条件和轨道结构现代化发展的方向。

(a)无缝钢轨的加工　　(b)建好的无缝钢轨铁路

图 2.4　无缝钢轨

京津城际客运专线首次采用 500 m 长钢轨工地焊接施工工艺，跨区间进行长大无缝线路的铺设。武广客运专线在用的也是超长无缝钢轨，而非普通的 25 m 钢轨，在适宜温度内施工（如长沙为 17～25 ℃），尽量避免减少温度对钢轨的影响，并且在钢轨下方设置有调节钢轨长度的混凝土块，保证了超长钢轨接缝处变化不超过 0.1 cm，从而保证了列车的安全和乘客乘车的舒适性。作为火车提速关键设备的无缝钢轨，目前国产化率已接近 100%，钢轨接口处 1.5 m 以内的平直度误差不超过 0.2 mm。

无缝钢轨要解决热涨冷缩光靠数量不多的缝隙是不够的。现在解决热涨冷缩有两种方法，一种是长轨节自身承受全部温度应力，即将长轨锁定在枕木上，使其不因温度变化而胀缩，这种方法适用于一年四季温度相差不大的地区，例如在中国南方地区；在一些温度相差较大的地区就应采取另一种方法，即长轨节自身不承受温度应力，而以自动放散应力或定期放散应力的方法，使长轨节随温度升降而自由收缩，在铺设的时候也尽量选择最佳温度铺设，使钢轨的伸缩值在最小范围内，这样不管温度上升还是下降，钢轨的伸缩始终都控制在最小范围内。

2.1.4　桥　　梁

高速铁路采用全封闭行车模式，线路平纵面参数限制严格，并要求具有轨道高平顺性，导致桥梁比例明显增大。高速铁路桥梁的特点可以概括为以下几点：

1. 所占比例大、高架长桥多

高速铁路设计参数限制严格，曲线半径大，坡度小，并需要全封闭行车，导致桥梁比例明显增大。尤其在人口稠密地区和地质不良地段，为了跨越既有交通路网、节省农田，避免高大路基阻挡视线和路基不均匀沉降，大量采用高架线路。例如，我国京津城际铁路全长 120 km，其中 87%为桥梁工程。图 2.5 为我国京津城际部分桥梁。

(a)京津城际天津杨村特大桥　(b)京津城际高架长桥

图 2.5　我国京津城际部分桥梁

2. 以中小跨度为主

高速铁路桥梁的跨度不宜过大，应以中小跨度为主。法国高速铁路直到修建地中海线时才首次采用 100 m 跨度的桥梁。表 2.5 列出了目前各国高速铁路桥梁的最大跨度。

表 2.5　各国高速铁路跨度最大的桥梁

国　名	桥　　名	所在线路名称	主跨(m)
中　国	跨西华海特大桥	武广客运专线	168
日　本	第二千曲川桥	北陆新干线	135
德　国	法伊茨赫希海姆美茵河桥	汉诺威—维尔茨堡线	162
法　国	旺塔布伦桥	地中海线	100
西班牙	阿姆波斯特桥	巴塞罗那—瓦朗斯线	158
瑞　典	伊格尔斯塔桥	格鲁亭线	158

3. 刚度大、整体性好

一般来说，高速铁路桥梁设计主要由刚度控制，强度基本上不控制其设计。尽管高速铁路活载小于普通铁路，但实际应用的高速铁路桥梁、在梁高、梁重上均超过普通铁路。

4. 重视改善结构耐久性，便于检查、维修

在设计时将改善桥梁的耐久性作为主要设计原则，统一考虑合理的结构布局和构造细节并在施工中严格控制、保证质量。一些国家规定高速铁路桥梁在结构耐久性方面要求的设计基准期，一般以 50 年不需维修为目标；在日常检查、养护前提下，期待能达到 100 年的耐用期。

5.强调结构与环境的协调

主要指桥梁造型要与周围环境相一致并注重结构外观和色彩;在居民点附近的桥梁应有降噪措施;避免桥面污水损害生态环境等。

我国现阶段新运营的线路中,武广客运专线全线全长约 1 068.8 km,共有桥梁 661 座 401.239 km,占线路长度的41.4%,其中流溪河特大桥 13.431 km,为全线最长大桥;郑西高速铁路全线正线桥梁 137 座,达 312 km,在建设中首次采用提篮拱、V 形墩连续刚构件、高烈度地震区大跨度等桥式,创新黄土地层钻孔桩施工技术,缩短了桩长,增加了承载力,减少了工后沉降,开辟了湿陷性黄土地层钻孔桩施工的新途径,填补了国内空白,其中渭河特大桥总长 79.47 km,大跨连续梁共长 5.94 km,该桥采用高烈度地震区最大跨度 80 m、416 m 连续梁设计,这在国际上实属罕见。

2.1.5 隧　　道

高速铁路隧道的勘测、设计、施工与维修养护原理与一般铁路隧道有许多共同点,对高速铁路隧道设计参数的特殊要求主要是由于高速列车进入隧道诱发的空气动力学效应。当车速超过 200 km/h 时,空气阻力成为行车总阻力的主要部分:列车进入隧道时,原来占据隧道空间的空气将被迅速排开,空气的黏性以及隧道和列车表面的摩擦阻力使排开的空气不能及时顺畅沿列车两侧和上部形成绕流,造成列车运行前方空气受到压缩,而尾部则形成强大的负压,产生压力波动。而这种波动又以声速传播至隧道口,形成反射波并形成回传和叠加,透发一系列对运营产生负面影响的空气动力效应,可能引起旅客体感不适,列车运行阻力增加以及隧道口爆破噪声、危害隧道口建筑等情形。在隧道中,这种阻力又比在明线运行时有明显的增加,这是在线路设计时要考虑的。隧道内空气阻力的大小同车速、车头形状、隧道长度和断面大小有关。此外,由于气流的非恒定性,列车在隧道运行过程中,空气阻力并不是常数。

因此,从根本上改变隧道结构,通过采取诸如增大隧道断面尺寸、设置隧道口缓冲区等手段,最大程度减小由于列车通过隧道而产生的不利情形,主要包括以下两个方面:

1.高速铁路的隧道横断面

高速铁路隧道的设计特点主要体现在隧道横断面的设计上。隧道的横断面面积通常是根据隧道建筑限界和列车运营的要求决定的,但在高速铁路的条件下,还必须考虑满足列车—隧道空气动力学的要求。从世界高速铁路修建史看,为了消除空气动力学效应所采用的措施大致可分为小断面和大断面两类方式。由于增加隧道横断面面积对空气动力学效应有整体减缓作用,“大断面”方式已成为国内外高速铁路隧道设计的一种倾向性做法。

我国单洞双线隧道断面有效面积为 100 m^2,单线隧道断面有效面积为 70 m^2,隧道洞口若有特殊环境要求的可设置洞口缓冲结构,隧道内设防灾与救援设施。表 2.6 列出了其他一些国家高速铁路隧道采用的基本参数。

表 2.6　一些国家高速铁路隧道采用的基本参数

国　家	法　国	德　国	意大利		日　本		西班牙
列车最高速度(km/h)	270	250	250	300	220	240	300
列车横断面积(m^2)	10	10.3	9.7		12.6	12.6	10
隧道横断面积(m^2)	71	82	53.8	76	60.5	63.8	75
阻塞比	0.13～0.15	0.13	0.18	0.13	0.21～0.22	0.20～0.21	0.13
线间距(m)	4.2	4.7	4.0	5.0	4.2	4.3	4.5～4.7

2.单洞双线和双洞单线断面的比选

在通常情况下，高速铁路隧道因考虑空气动力学的特性，都采用单洞双线断面，较少采用双洞单线断面。

位于长沙东部的浏阳河隧道是武广客运专线最长的隧道，也是国内首座穿越城市河流的高速铁路隧道，如图 2.6 所示。浏阳河隧道的工程特点及难点可以用“长、大、深、软、难”五个字概括：“长”，隧道全长 10 115 m，属于国内特长铁路隧道；“大”，开挖断面面积超过 160 m^2，属特大断面隧道；“深”，隧道平均埋深 40 多 m；“软”，隧道穿越地层多为泥岩、泥质砂岩等软弱围岩；“难”，既有山岭隧道工程特点，又要下穿建筑物密集地区、高速公路、河流等地带，施工难度大。

图 2.6　武广客运专线单洞双线断面的浏阳河隧道

我国现阶段新运营的线路中，武广客运专线有隧道 237 座共 178.858 km，占线路长度的 18.5%，其中浏阳河隧道(10.115 km)为全线最长隧道，大瑶山 1 号隧道(10.081 km)为全线最长山岭隧道。郑西客运专线全线隧道 38 座，总计 78.2 km，大部分隧道位于新老黄土地层，为浅埋双线黄土隧道，隧道开挖断面大，施工难度大。隧道开挖断面最大达 164 m^2，为特大断面黄土隧道，国内外尚无类似的工程实例。

2.1.6　车　　站

高速车站的分布主要取决于城市分布和市场需求情况。除日本高速铁路的站间距离较小外，其他各国高速铁路的站间距离均较大。这主要是由于日本高速铁路沿线的人口密度较大，城镇分布密集行车密度也大，而欧洲各国高速铁路沿线的人口密度较小，行车量也相对较小。因此，高速铁路车站分布的设计，一定结合沿线城镇和重要居民点的分布情况，根据列车的开行方案、运输组织方式以及铺画列车运行图对能力的要求和车站的技术作业需要，在满足能力需求的前提下，经综合技术经济比选确定。

我国高速铁路的运输组织模式为本线旅客列车和跨线旅客列车共线运行，高速铁路的车站有与既有站分设和合设两种布置。例如新竣工的新武汉火车站，车站设客运专线、普速两个车场，有高速客车到发线 15 条、站台 8 座，普速客车到发线 5 条、站台 3 座。我国现有火车站进站模式均为等候式，国外火车站则是通过式，即到即走。武汉火车站首创等候式和通过式相结合的流线模式，采取“高架候车，上进下出”的方式。旅客可选择进候车室候车进站，也可直接由绿色通道进站。图 2.7(a)和(b)分别为新武汉火车站的效果图和广州南站的实景图。

(a)新武汉火车站　　(b)广州南站

图 2.7　武广客运专线车站图

1. 高速铁路车站的分类

根据技术作业性质不同，高速铁路的车站可划分为四种类型，即越行站，中间站，始发、终到站以及通过兼始发、终到站。

2. 高速站与既有站合设的布置方案

高速铁路的车站与既有客运站合设时，具有下列优点：

(1)有利于吸引更多的旅客乘坐高速列车。既有客运站一般位于城市中心附近，高速铁路车站与其合并设置，便于旅客乘降，节省出行时间。

(2)有利于充分利用既有客运站的站场、站房及其他旅客服务设施，节省工程投资和城市用地。

(3)有利于旅客换乘。高速、跨线列车的旅客可在同一车站直接换乘，无需乘坐市内交通工具，不仅可以减轻城市交通负担，也可以节省旅客换乘时间。

高速铁路车站与既有客运站合设时，应遵循下列一些设计原则：

(1)由于高速线上列车运行采用自动控制和高度集中，高速列车的运行及其接发进路应单独自成系统，普速列车不得进入高速系统；但跨线列车的接发既需在高速系统进行，又需在普速系统进行，因此，在高、普速列车共站的车站上，为便于运营管理，高、普速列车宜分场分线使用。

(2)在跨线列车需上、下高速线运行的车站，高速列车车场与普速列车车场之间应利用渡线或具有立交疏解设备的联络线互相连通，以保证转场作业的顺利进行和列车接发的机动性。在没有跨线列车上、下高速线的车站，因两场无需连通，也可不设这种联络线或渡线。

(3)客运站房共用。为了有利于旅客换乘和高速旅客流线与普速旅客流线互不交叉，高速铁路旅客与普速列车旅客的进、出站通路及其候车室应尽量分开。

高速站与既有站合设时，有以下几种方案可供选择：

(1)高速列车与普速列车共用车场。

(2)高速车场与普速车场咽喉互不连通。

(3)高速列车车场与普速列车车场在同一平面并列合设。

(4)既有站上方设高架高速列车车场布置方案。

(5)既有站下方设地下高速车场布置方案。

2.1.7 接触网

接触线是接触网的主要组成部分，高速接触网要求接触线受流性能好、稳定性能好、抗张性能好、导电性能好、电流强度大。

日本在20世纪90年代以前，一直是采用重型复链形悬挂，在新建的北陆新干线高崎至长野段开始采用简单链形悬挂，行车速度可达270～300 km/h。法国最初在东南高速线上采用弹性链形悬挂，后来都采用简单链形悬挂。德国一直是采用弹性多链形悬挂，而且按不同的速度段形成了Re200、Re250、Re330标准系列。西班牙引用德国的Re250标准系列，其结构、材质和主要参数与德国完全一样。意大利是唯一采用3 kV直流供电的高速铁路，接触网采用双式简单链形悬挂，其接触网采用2根150 mm^2 的钢绞线。

国外高速铁路的运营经验表明，复链形悬挂、弹性链形悬挂、简单链形悬挂均能满足高速运行要求，我国高速铁路接触网悬挂类型采用全补偿简单链形悬挂，接触线悬挂点距轨面高度5 300 mm，导线最低高度5 150 mm，结构高度1 400 mm；张力接触线25 kN，承力索20 kN；支柱侧面路基地段有砟轨道3.1 m，无砟轨道3.0 m，桥梁3.0 m；采用综合接地系统，接触网与通信、信号、信息等专业共用沿线敷设的贯通综合地线(截面95 m^2 铜线)。车站接触网支柱与车站综合接地网相连，距综合地线15 m以外的支柱及其他金属物可单独接地，接地电阻不大于10 Ω。同时，各牵引变电所、AT所、分区所、开闭所内的接地网与沿线贯通的综合接地系统相连。具有一级负荷的变配电所，采用两路独立电源受电，一般为两路专屏专线；采用SCADA系统(数字采集监控系统)，对牵引供电设备、电力供电设备及供电安全监控系统进行一体化监控管理。图2.8(a)和(b)分别为京津城际和武广客运专线接触网。

(a)京津城际接触网　　(b)武广客运专线接触网

图 2.8 京津城际和武广客运专线接触网

2.2 高速铁路移动设备

2.2.1 动 车 组

1.动车组的定义与分类

由两辆或两辆以上带动力的车辆和客车固定编组在一起的列车称为动车组。动车组具有如下特点：

(1)动车组是成组存在的,是由两辆或两辆以上的车辆组成在一起的列车,这一特点与车辆相仿,与机车不同。

(2)动车组是由带动力的车辆和不带动力的客车组成的,带动力的车辆成为动力车或动车,不带动力的客车成为拖车或随车。动车组带动力的特点与机车相仿,与车辆不同。

(3)动车组是铁路客运的一种新方式,绝大多数的动车组用于客运,如今只有个别国家(例如日本)尝试将动车组用于货运。

(4)动车组以固定编组进行运营,运营时不能解编;往返运行不需要更换车头,只需要改变操纵端。某些国家(例如德国)在动车组日常检修时也不解体,以减少列车停时,提高动车组的利用率。

(5)世界上已运营的高速动车组绝大部分采用电力牵引的电动车组,这主要是由于能源、环保、效率和高速的需要。

动车组按最高运行速度分类可分为准高速动车组(最高运行速度为 160～200 km/h)、高速动车组(最高运行速度为 200～400 km/h)和超高速动车组(最高运行速度为 400 km/h 以上);按动力配置方式可分为动力集中型高速动车组和动力分散型高速动车组;按牵引动力可分为高速电动车组、高速内燃动车组和磁悬浮动车组;按转向架连接方式可分为独立式高速动车组和铰接式高速动车组等。

2. 国外动车组

目前，世界上生产动车组的主要国家是日本、法国和德国。这三个国家在不同的时期，针对不同的高速铁路，开发了不同的动车组，生产数量不同，运用年限不同，取得的经验也不一样。表 2.7 列出了这三个国家生产的动车组主要技术参数比较。图 2.9(a)为法国 TGV 电动车组。

表 2.7　动车组主要技术参数比较

制造国别	日　本		法　国	德　国
车　型	700 系	E4 系	TGV-2N	ICE-3
运营速度(km/h)	270	240	300	330
列车编组	12M4T	4M4T	2L8T	4M4T
动力配置方式	6M2T 分散	2M2T 分散	两端集中	2M2T 分散
转向架构成	24M/8T	8M/8T	4M/9T	8M/8T
编组长度(m)	400.8	201.4	200.19	200
客车总数	16	8	8	8
编组定员(人)	1 323	817	545	415
总轴数	64	32	26	32
最大轴重(t)	11.1	15.6	17	15
整列总额定功率(kW)	13 200	6 720	8 800	8 000
整列牵引电机数(台)	48	16	8	16

注：M—动车，T—拖车，L—机车。

(a)法国TGV电动车组

(b)国内CRH动车组

图 2.9　动车组

3. 国内动车组

我国高速铁路线上运行的动车组是拥有完全自主知识产权、具有世界先进水平的国产CRH1、CRH2、CRH3、CRH5型"和谐号"高速列车。列车系统创新了大断面宽车体、高速轮轨、高速受流、高速制动、人机界面等关键技术，在牵引系统、制动系统、高速转向架、车体空气动力学等方面的技术处于当今世界领先地位，具有更好的起动加速和持续高速运行的能力。图 2.9(b)为国内 CRH 动车组。

2008 年 8 月 1 日，京津城际铁路投入运营，最高运营速度达到 350 km/h。京津城际铁路开行具有自主知识产权的时速 350 km CRH3 型和 CRH2-300 型和谐号动车组。CRH2-300型和 CRH3 型动车组主要技术性能参数见表 2.8。

表 2.8　CRH2-300 型和 CRH3 型动车组主要技术性能参数

型　　号	CRH2-300	CRH3
基本编组	6M2T	4M4T
最高运营速度(km/h)	350	350
最高试验速度(km/h)	385	394.3
动车组长度(m)	201.4	200.6
车体宽度(mm)	3 380	3 265
车体高度(mm)	3 700	3 890
编组定员(人)	610	556＋1(包括 1 个残疾人座椅)
最大轴重(t)	14	17
牵引总功率(kW)	8 200	8 800
牵引控制方式	矢量控制	矢量控制
牵引传动方式	交-直-交传动	交-直-交传动
牵引电动机	三相交流异步电动机	三相交流异步电动机
制动方式	动车:再生制动＋轮盘制动 拖车:轮盘＋轴盘制动并用	动车:再生制动＋轮盘制动 拖车:轴盘制动
转向架形式	无摇枕、空气弹簧支撑	无摇枕、空气弹簧支撑
车体结构	双壳铝合金筒形整体承载结构	双壳铝合金筒形整体承载结构
车体材料	大型、中空、薄壁挤压铝合金型材	大型、中空、薄壁挤压铝合金型材
受电弓型号和形式	SSS400 型，单臂 V 形	SSS400 型，单臂 V 形

2.2.2　摆式列车

1. 摆式列车的定义与特点

摆式列车(又称之为倾斜式列车、摆锤式列车、摇摆式列车、振子列车)是一种车体转弯时可以侧向摆动的列车，以补偿列车不同的离心力，能够在普通路轨上的弯曲路段高速驶过而无需减速。按摆式车体倾斜方式的不同，摆式车体可分为自然倾斜式和强制倾斜式。

摆式列车具有以下特点：

(1)旅途舒适度高

大幅度削减乘客离心加速度，复杂精密的多向悬乘系统以及高科技隔音、加压和空调系统使摆式列车具有很高的舒适度。

(2)环境影响最小

摆式列车不但不需要另外新建轨道，对现有的轨道损害也较小。因为没有额外的施工建设，使摆式列车对环境的影响也最小。

(3)使用上灵活

摆式列车发展方案是采取模组式转向架，动力与辅助系统设计和中空挤压式铝型材加工的概念。动力可以采用柴油引擎(电力或油压式)或多伏电力马达，也可以安装各种冷暖气设备，可以在任何气候条件下行驶。

(4)高效能和安全的刹车系统

所有系统都配有电气、电子以及辅助系统，符合严格的国际惯用安全标准。摆式列车有两种刹车系统：速度在 45 km/h 以下用的是气压式圆盘刹车装置，速度在 45～250 km/h 时用的是电动及气压式系统。为了避免不同的车轮与轨道作用力而产生不同的刹车距离，摆式列车有一个装有感应点的止滑装置。

2.摆式列车的原理

列车转弯时需要一个指向弯道内侧的向心力，否则，列车将会由于离心作用而脱轨。传统的轮轨铁道是采用将弯道外侧铁轨适当升高，列车转弯时稍微内侧，只要倾斜度与列车在弯道时的速度配合恰当，路基对列车斜向上的支持力和列车重力的合力便刚好提供列车转弯时所需的向心力。但是，外侧铁轨高度的提高有限，而且是修建时就固定了的，列车过弯道时速度也不可能太高，并且运行速度也不可能与设计值完全吻合，这样，在弯道处就会增加铁轨的不均衡磨损。同时，列车通过过渡弯道(由直道进入弯道的部分)和通过稳态弯道所需的向心力是逐渐变化的，单靠列车速度的调节也难以适应。

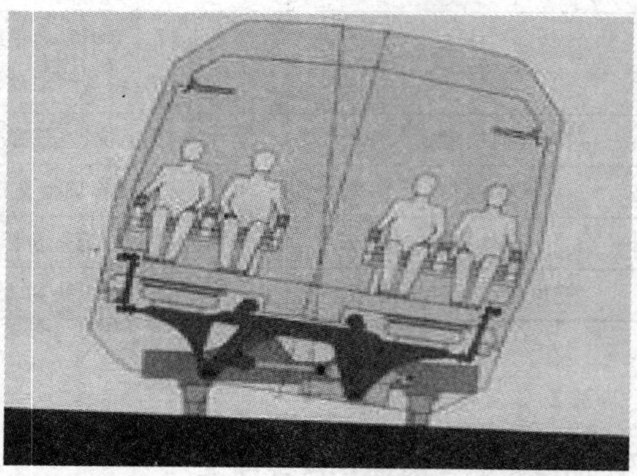

图 2.10 摆式列车原理图

摆式列车就是将车体设计成能在不同速度条件下可实时倾摆的车体，当车辆向左转时，车体向左倾摆，让重力抵消向右推的离心力。列车可以是靠惯性自行摆动的被动摆式，亦可以是由电脑控制，动力辅助的主动摆式。简单地说，就是应用电脑控制液压机构，与检测仪器配合，根据转弯的半径和速度，自动调节每节车厢的倾斜角度，等同于增加了曲线的超高，从而达到高速、安全、舒适转弯。其原理如图 2.10 所示。

3. 摆式列车的应用

摆式列车于 20 世纪 70 年代首先由英国研制成功，已成功地运行在德国、芬兰、瑞典、西班牙、葡萄牙和捷克的高速铁路上。

意大利于 1988 年首次采用 ETR450 型摆式列车。该列车有 2 台机车、4 辆一级车厢和 5 辆二级车厢组成，共有 386 个座位。意大利高速铁路在这以后又采用 ETR460 型和 ETR480 型列车。这两种列车拥有 480 个座位，并备有餐车，列车时速 250 km，ETR500 高速列车已投入运营。这种高速列车不但可运行于意大利高速铁路网，而且可以运行于欧洲的其他高速铁路网，有利于全欧洲高速铁路联网。

2.3 高速铁路信息化技术

2.3.1 高速铁路信号技术

铁路信号技术随着百年铁路的发展以及继电器、半导体、电子信息技术的变化而不断演进，高速铁路信号技术与普通铁路不同之处主要有：

(1)高速铁路设置综合调度系统，对列车运营指挥实行集中控制方式。

(2)取消传统的地面信号机，采用列车运行控制系统。

(3)采用计算机网络传输和交换与行车、旅客服务相关的信息。

信号系统是实现铁路自动化、智能化的关键系统，也是保证高速铁路安全、高效运行的最重要系统。高速铁路信号系统由综合调度系统、列车运行控制系统、计算机联锁系统等几个部分组成，各部分之间通过具有保护功能的广域网连接，并传输信息。传统的话音、信号凭证指挥方式不再适用于高速铁路。高速铁路信号系统的设备主要布置在调度中心、车站、区间信号室、车辆段、维修基地、线路旁和列车上。

早在 2002 年，中国就提出了自己的铁路信号技术应用等级标准(CTCS)，将信号系统分成了从 0～4 五个等级。列车运行控制系统 CTCS2 级由车站列控中心、轨道电路、点式应答器及车载列控设备等组成；CTCS3 级在前者基础上，增加 RBC 无线闭塞中心、GSM-R 无线通信网络、无线通信传输模块及车载无线接受模块等设备，满足时速 350 km、列车最小追踪间隔 3 min的运行要求。

2.3.2 高速铁路通信技术

列车运行速度的提高，对通信提出了更高要求。高速铁路通信系统的特点有：

(1)通信应具有高可靠性，以保证列车的高速安全运行。

(2)通信应保证运营管理的高效率。建设高速铁路的目的就是要提高运输效率,各国都采用了各种先进通信技术,增大通信容量等,以保证信息传输、存储、处理能高效率地进行。

(3)通信与信号系统紧密结合,形成一个整体。在列车低速运行的情况下,通信系统与信号系统基本上各自独立。但在列车高速运行的情况下,通信系统与信号系统应形成一个高级自动化的通信、指挥、控制和信息系统。

(4)通信与计算机相结合,形成一个现代化的运营、管理、服务系统。

(5)通信应完成多种信息的传输和提供多种通信服务。除了电话这种语声信息的传输外,在高速铁路通信中还有大量的非话业务,即数据、图像、监控信号的传输与处理,并且数据及图像业务将成为主要业务。

(6)多种通信方式结合形成统一的铁路通信网。除了站间和地区的有线电话和数据通信网外,与运行中的列车实现通信联系是离不开无线通信的。目前,通信新技术的发展层出不穷,例如移动通信、卫星通信、微波中继通信、室内无线通信等将与光纤通信、程控交换等相结合,形成一个多种方式和手段的通信网。

通信系统由有线通信和无线通信两部分组成。有线通信以光纤传输、接入为基础,通过电路交换、数据交换系统,为沿线站段提供话音、数据及图像传输业务,光缆中为信号提供独立光纤,作为安全信息传输通道。

无线通信采用 GSM-R(Global System for Mobile Communication-Railway)综合移动通信系统,为列车运行控制系统提供安全数据传输通道,并提供移动环境下的话音、数据等通信业务。GSM-R 系统具有的功能有:①行车调度与列车控制数据传输;②列车无线调度电话;③区间及枢纽公务移动通信;④应急抢险通信;⑤旅客服务信息传送等。无线通信利用光纤接入和移动无线技术,构成具备话音、数据及图像传输的应急通信系统。

高速铁路专用通信网由光缆 SDH 光同步数字传输系统(专用长途通信网)、区段通信(ISDN)网、无线通信系统、电话交换网、分组交换(数据通信)网、帧中继(FR)网、用户接入网(包括列控信息传送局域网)以及支撑网等所组成。

高速铁路专用通信网络系统是高速铁路行车指挥和安全运营的神经中枢,占据极其重要的地位。然而,高速铁路的专用通信网络系统又没有固定的模式,其体系结构也依据各国的具体实情而有所变化。从技术层面上来考察,我国高速铁路专用通信网络系统,应建成具有先进性、可扩展性和可维护性,达到国际先进水平,力争成为世界上一流的专用通信系统。

2.4 高速铁路的运营组织及管理

2.4.1 高速铁路运营组织

1. 高速铁路运营组织的特点

高速铁路运营组织的目标是高速度、高密度、高正点率、高可靠性、高质量服务、高市场占有优选法及高社会经济效益。与传统铁路的运营组织工作相比，高速铁路的运营组织工作具有自己的特点，主要有：

(1)运输服务系统覆盖旅客旅行服务的全过程，最大限度地满足不同层次的旅客出行需求。

旅客运输组织是整个铁路运输系统中的重要组成部分，高速铁路运输服务的对象就是旅客，从客票预订和售票服务、站车信息服务、旅客换乘服务等方面应高质量地、便捷地满足旅客的需求，最后能够安全、迅速、准确、舒适地将旅客送到目的地。

(2)充分满足旅客出行需求，适应客流变化，制定运输计划和旅客列车开行方案。

①认真调研并确定高速铁路网沿线吸引范围内的基本旅客群体及其出行的“黄金时间带”，在该时间带提供高频率、高质量的列车服务。

②调整和优化列车开行方案。除开行适应季度性客流、星期客流和日间客流变化规律的国内和管内各类不同速度、不同行程和不同停站的高速列车外，还发展了高速线与既有线以及国际高速铁路之间的联程运输，甚至开行挂有运送小轿车的专门车辆的高速穿梭旅行列车。

③重视与既有铁路和其他交通方式的协调配合，方便旅客换乘。

(3)建立以高新技术为基础的安全保障体系和以调度中心为中枢的运营管理总体系统，在保证高速铁路运拍的高度安全性和可靠性的基础上，形成以设备运用、整备、检修一体化的系统运营管理特色和信息、机制、决策、运作、评估之间的高度协调统一，实现了运营组织管理的高水平和高效益。

2. 高速铁路运营组织模式

世界上高速铁路采用的运输组织模式大致有以下三种：

(1)高速线仅运行高速列车，高速列车仅在高速线上运行。

这种模式简称“全高速—换乘”模式，高速线上只运行高速列车，无跨线列车运行，直通客流大，跨线旅客采用换乘的方式。这种模式适用于自成体系的高速铁路，其优点是列车运行速度高，列车追踪运行时间短，运输组织简单，便于管理，运输能力大。旅客换乘是这种模式的关键问题。

(2)高速线仅运行高速列车，但高速列车可以在高速线以及与高速线相衔接的普通线路上运行。

这种模式简称“全高速—下线运行”模式，高速列车在高速线上按高速列车运行，跨线至普通线后按普通列车速度运行。这种模式适用于与普通线路相衔接的高速铁路，其优点是：由于高速线上运行的高速列车速度基本相同，可按平行运行图运行；通过能力大；高速列车下线运行，可以增加高速列车的通行网络，扩大了高速线路的服务范围，能更多地吸引客流，提高了高速线的利用率，减少了旅客的换乘，较好地解决了跨线旅客的出行问题。缺点在于需要更多的高速列车车底，且必须要求高速线与既有线兼容。

(3)高速线不仅运行旅客列车（包括高速列车与普通列车），还运行货物列车。

这种模式简称“混合运输”模式。这种模式多适用于将既有线改建为高速线的线路，其优点是工程投资小，缺点是由于线路上运行的列车速度差距较大，使得通过能力降低，列车运行组织复杂，高速列车的最高速度也受到了限制，延长了旅客的出行时间。

3.高速铁路列车开行方案

影响旅客列车开行方案的因素很多，除了高速铁路基本技术设施条件外，开行方案本身应该满足列车编组及定员、客流波动系数、服务频率、车站能力、车底数量及各区段客流密度的技术条件和技术指标。

动车组运行方案主要包括：

(1)列车定员

动车组运行一般应遵循短编组、增加发车频率的原则，以方便旅客。欧洲高速动车组一般定员都不超过 1 000 人/列，日本高速动车组定员一般为 1 300 人/列。列车定员过高，不但降低了服务频率，在速度一定的情况下还将要求较大的列车牵引总功率，如采用动力集中的方式，将会加大其技术上的难度；如果过低，有时又不能完成预测的运量。

(2)列车编组

由于动车组的运行距离和运行时间通常较短，一般都不设非载客车辆，为满足不同层次旅客的需求，可设包间、一等车和二等车。各种车辆的比例可根据实际需要确定。

(3)列车等级

当只运行一种最高运行速度的动车组时，主要是根据其中途停站的多少划分，停站越少等级越高；当高速线上同时运行几种速度的高速动车组，此时等级的划分主要根据最高运行速度，速度越高等级越高。

(4)列车发到站

旅客列车不只是为始发与终到站间的旅客服务，还应为沿途上、下车的旅客服务。高速列车到发站的选择除根据客流结构外，还应兼顾动车组的维护及利用率。

(5)列车开行数量

旅客列车的开行数量一般可根据下式进行计算：

$$n=\frac{N\times 10^4}{365\cdot a\cdot k}$$

式中 n——需要开行的旅客列车数，旅客列车一般都是成对运行，只计算一个方向即可；

N——开行区段年度客流密度；

a——动车组定员；

k——动车组上座率。

2.4.2 高速铁路运营管理

高速铁路运营调度指挥与客运服务系统是确保高速铁路列车运行安全有序、发挥效率与效益的核心体系。

1.运营调度指挥系统

铁路运营调度指挥系统是组织铁路日常运输活动的管理中枢，又是对运输过程进行实时监督调整的指挥中心。它是集计算机、通信、网络等现代化技术为一体的综合系统，主要是帮助铁路管理部门对运力资源进行动态调配优化并完成列车的计划、运行、设备维修等一系列任务，是完成高速铁路运输组织特别是高速铁路系统日常运营的根本保证。运营调度指挥系统涵盖运输计划管理、列车运行管理、动车管理、综合维修管理、车站作业管理、安全监控及系统运行维护等工作。它在协调各部门工作，提高列车运行质量，确保行车安全，保持运输系统整体有序运行方面起着重要的核心作用。

(1)国外高速铁路的调度指挥模式

高速铁路调度指挥涉及运输组织、机车车辆、通信信号、供电、安全监控、维护救援、旅客服务等多学科，直接影响高速铁路调度指挥模式选择的原因主要是高速铁路的运营模式。国外高速铁路调度指挥模式基本划分为三种类型：

①日本的 COSMOS 系统根据高速铁路的特点和需要，充分考虑高速行车所伴随的高风险性及行车安全对调度系统的依赖性，以运行计划为基础，列车运行调度为核心，各子系统采用不同网络通道相连接，构建集成各专业高度综合的调度系统，以保障设备的良好状态。

②法国的高速铁路设置相对独立的调度指挥系统，按区域设置分局作为管理机构，以线路为对象建立控制中心。在国家控制中心和分局调度中心设有营运基础调度、客运调度、电力调度、动车组运用调度、司机调度，与既有线调度系统之间，尤其在上下线站有密切的联系和数据交换，基本沿袭既有线路的传统模式。

③德国的高速线是既有线路的一部分，客、货混线分时运行，调度中心按区域设置在大枢纽地区，无单独高速铁路调度指挥系统，实行高度指挥中心—地区调度区—基层车站值班员三级管理，以利于高速列车与既有列车的跨线运行。

总结各国的情况，可以发现国外调度指挥机构的设置及调度系统的功能等方面，具有如下共同特点：

①各国高速铁路调度指挥机构设置方式与本国的国情(城市分布、其他交通方式的发展水平)、运输组织方式、运营管理模式紧密结合。

②各国调度系统均受到了当时的计算机、通信、控制等科技水平与装备的限制，随着科技水平的提高和运营管理经验的积累不断地改进、完善系统功能。

③各调度指挥系统均可以在线掌握列车的运行状况便于列车的运行调整。

④各调度指挥系统均可以在线掌握基础设施的状态以保证列车运行安全。

⑤重视活动资源的优化利用(动车组、乘务员运用)、重视旅客运输的服务质量。

⑥各国调度系统在综合程度上存在着一定差异。

(2)我国高速铁路运营调度系统设计规划

我国高速铁路调度系统在规划建设中，要充分考虑整个高速铁路网运营的安全性和效率，建设面向高速铁路网的综合调度系统，与高速路网的规划和运营指挥管理模式等相适应。

①运营调度系统的总体结构

围绕安全、正点和运行要求，运营调度中心直接指挥日常运输生产，以行车为核心，通过各专业调度台发布调度命令，组织运营的实施。高速铁路运营调度系统采用分层管理的模式，管理模式结构如图 2.11 所示。高速铁路运营调度系统自上而下由高速铁路运营调度中心、各条高速铁路调度区和列车运行管理工种调度系统构成。

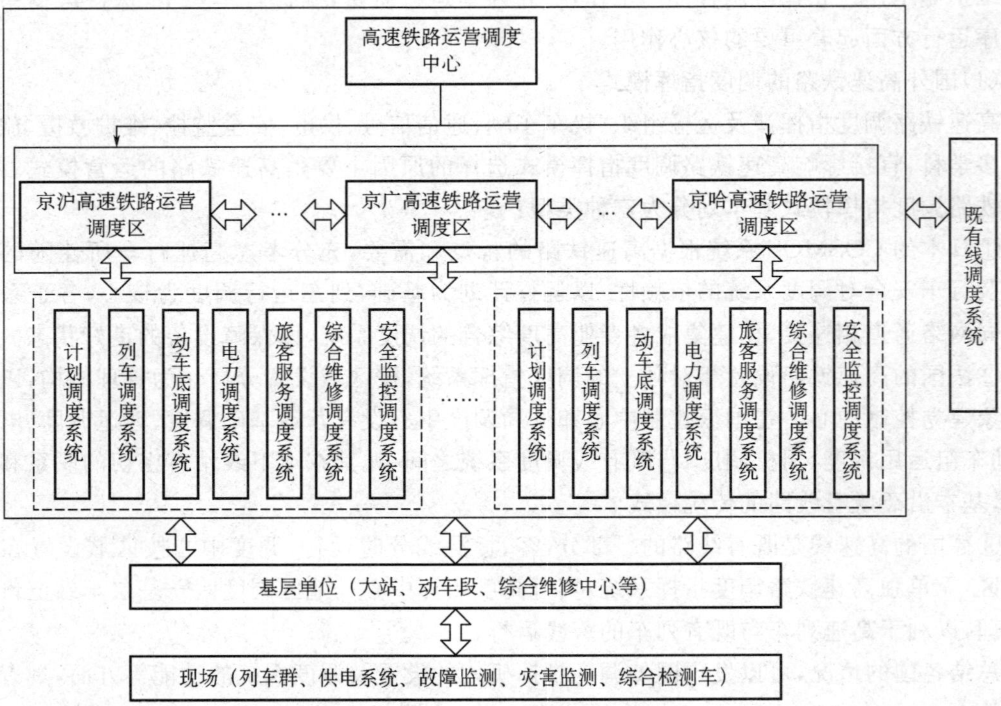

图 2.11　运营调度系统管理模式示意图

各个调度区分管不同的高速线路，每个调度区由计划调度系统、列车调度系统、高速列车调度系统、电力调度系统、旅客服务调度系统、综合维修调度系统和安全监控调度系统等构成，分别对各个工种进行调度。

基层单位系统主要包括全线每站设的一套车站 CTC 系统、运营调度车站系统，各动车运用所 CTC 及运营调度系统，全线 20 个综合维修保养点运营调度系统等。

沿线现场设备主要包括两类：一是受控系统，如联锁、列控、供电被控站等；二是信息源系统，包括地面监测系统、灾害监测系统等。

②运营调度系统基本功能

高速铁路调度系统功能的制定，需要满足我国高速路网的现场实际需求，主要包括高速铁路全线实时控制和各业务部门综合管理，各业务部门相关系统信息的互通共享，监视和减少自然灾害损失，突发事件下应急和综合救援组织以及保证高速列车高速、安全、正点、舒适运行的需求。主要包括五个方面功能：

a. 高速列车群的实时控制。具体包括：列车群运行进路的控制；跨线高速列车运行径路的协调；不同运行工况的列车运行控制和协调调度；牵引供电系统的实时控制。

b. 列车群运行状态和环境的实时监视。具体包括：路网下列车群运行状态的实时监视；全路网相关设备的状态监视；全路网气象信息的实时监视；路网下地质灾害信息的实时监视；路网下事故信息的实时监视；事故条件下救援组织现场的实时监视。

c. 路网下列车运行态势的预测及应急。具体包括：根据实施监测的状态信息，路网下在途列车群运行状态的态势预测；根据路网在途列车的运行状态，预测车底的使用情况；根据路网下车底的运用，次日制定车底的维修保养、交路计划及乘务组的交路计划；列车运行计划的管理；根据技术设备、设施的运行情况及相关检测数据，制定相关设备和设施的综合维修计划；针对典型的突发事件，根据列车运行状态和相关的设备、设施及环境的实时监测信息，预测对运输组织运营的影响并制定列车应急运行决策支持计划；针对不同类型的事故、灾害和异常大客流的发生，制定相应的有效计划，尽快恢复按图行车。

d. 高速路网各业务系统信息互通共享。高速铁路运营调度系统采用一元化的管理模式，为了保证列车按图运行和运力资源的优化配置，需要相关业务列车、基础设备和设施、通信、信号、运行组织、牵引供电、安全监测和保障系统的协调运行和全面的信息支持。为此，系统必须保证以列车为核心的各个专业相关信息，尤其是实时信息的互通和共享，每个业务系统的调度可以及时、全面、准确地掌握所需要的支持信息，为各专业协调、高效的调度指挥提供技术基础。

e. 以列车为核心的各业务系统信息化管理。用信息技术对各专业的业务管理、设备管理、企业管理建立相应的计算机网络系统，在提高各专业管理水平的同时为运营调度系统提供可靠的信息基础。

2. 客运服务系统

客运服务系统的主要功能是处理与旅客运输服务相关的事件，主要包括发售车票、信息采集、信息发布、日常投诉处理、紧急救助、旅客疏散、旅客赔付和客户关系管理等工作。此外，还可提供统计分析功能，为管理层提供决策参考。

(1)客票发售和预订系统

高速铁路大多数旅客的需求层次较高、往来常客较多，有较高的服务要求。在存在城际公交化旅客运输的需求以及列车高密度、高速度开行的情况，需要高效的售检票系统提供高效、便捷的乘降服务。这一工作交由全国铁路客票发售和预订系统来完成，做到全国各站都能发售和预订高速铁路客票，并且实现票务和席位数据库共享，除窗口计算机售票外，还支持电话、互联网、自动售票机等多种形式的订票和售票，方便旅客购票，实现客票销售渠道和销售方式的多元化。图 2.12 为北京南站内的自动售票机。

(2)自动检票系统

积极发展智能型车票，并配备自动检票系统，在不同方向布置大量出站闸机，自动识别车票，缩短旅客在站停留时间，保证旅客能迅速疏散，统计旅客流量和流向等，以符合高速铁路高效旅行的要求。图 2.13 为北京南站内的自动检票入口。

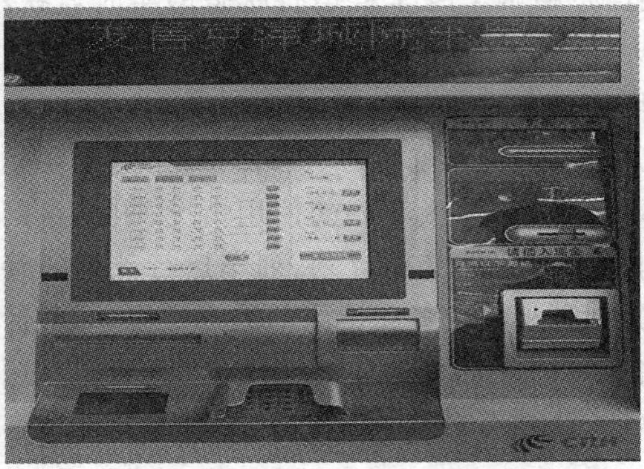

图 2.12　京津城际自动售票机

图 2.13　京津城际北京南站自动检票入口

复习思考题

1. 高速铁路基础设施有哪些？
2. 高速铁路信息化基础设施包括哪几个部分，分别是什么？
3. 简述摆式列车的工作原理。
4. 动车组的分类有哪些？
5. 高速铁路运输组织的基本特点是什么？

3 高速铁路运营安全保障技术体系

安全是铁路的生命线，是铁路运营永恒的主题。高速铁路作为铁路运输的一种新形式，安全问题尤其重要，其列车运行速度高达 300～350 km/h，任何灾害的发生都可能引发较大的损失，威胁人民群众的生命和财产安全。因此，安全管理是高速铁路运营管理中的重中之重。在分析研究影响高速铁路运营安全的相关要素的基础上，构建运营安全保障技术体系，是实现安全运营的重要技术支持手段。

高速铁路运营安全保障技术体系是针对高速铁路运输系统中行车速度高、密度大、高新技术含量大以及由此带来的系统复杂度和风险高的特征，围绕运营安全这一中心任务，利用先进的通信技术、计算机网络技术，将地域上分散、组织管理上松散的各个设备和环境监测检测点，连同与行车安全直接相关的作业和施工现场以及各部门的各级管理决策层连接起来，实现通畅快捷的安全信息流动渠道和大范围的安全信息共享，建立集监测、检测、控制和管理决策为一体的大型综合自动化技术体系。

现代通信和计算机技术的发展，为高速铁路的安全保障技术体系的建立创造了充分的技术支持条件。高速铁路的安全保障技术在向着实时化、信息化、智能化方向发展。

本章首先分析人员、设施、环境、管理等安全要素及其相互间的关系，在此基础上对高速铁路运营安全保障技术体系进行介绍。

3.1 高速铁路运营安全要素分析

高速铁路运营体系是由多个子系统组成的复杂动态大系统，它涉及铁路工作人员、线路、机车车辆、通信信号及监控、故障检测、维修等各个领域，任何一个子系统出现缺陷，都会导致整个系统的劣化或失败，因此需从系统工程的原理和方法出发，对各个子系统的形成和运行过程加以控制，以保证整个高速铁路运营系统的高质量和高可靠性。基于此，根据系统工程原理，高速铁路运营系统的组成可分为人、设备、环境和管理四个方面。

从影响系统安全的“人、设备、环境和管理”四方面因素来看，“管理”因素渗透到系统的每一个环节，促进各个系统要素结合起来成为一个整体，起着中枢性的作用；“人”在系统中，既是管理的主体，又是管理的对象，是最活跃和具有创造性的因素，始终处于系统的主导地位；“设备”是系统运行必不可少的物质手段，是系统赖以生存的物质基础，是系统客观存在的物质表现；“环境”是系统运行的客观条件，是影响系统安全的要素群。

本节将从人、设备、环境和管理等四个方面的完善及分析不同方面之间的影响入手，对高速铁路运营安全影响要素进行分析。

3.1.1 人员安全要素分析

在高速铁路运营系统中，人既是事故的肇事者又是受害者，绝大多数事故的发生均与人的不安全行为有关。因此，要降低铁路事故发生的概率，必须对铁路运营过程中的人员加强管理。

系统内人员对安全的影响主要表现在安全管理和教育水平、工作人员的业务技术水平、职工违章违纪现象、职工的奖惩等方面。

在高速铁路运营系统中，人员对安全的影响更为突出。虽然大量的信息采集、处理、判断等工作由机器代替人来完成，人机结合方式和工作内容发生了很大变化。但是，一旦遇到一些机器本身不能处理的突发事件时，要求人们必须在最短的时间内确定系统的状态和故障所在，然后加以排除。因此，对人员素质的要求更加严格。从某种意义上说，高速铁路系统的安全更加依赖于人。

高速铁路的安全关键在于处理好人与设备之间的关系。高速铁路运营安全又是贯穿到铁路建设、运营和管理的各个环节，从勘测、设计、施工、新技术的研究开发、设备的生产制造到运营管理和日常维护监测等都直接或间接与安全有关。同时，安全问题又渗透到铁路的各个部门、专业和工种。因此，它是一个综合性的问题。根据日本高速铁路的运营经验，为了保证高速铁路运输的安全，必须处理好人的问题、机器设备的问题以及人与机器两者间的协调问题。日本新干线 30 多年安全运行的成功范例，充分证明了这一点，值得我们认真学习借鉴。

有些行车作业环节，因受其作业特征及其技术要求等因素的限制，不可能完全不需要人的参与。事实上，高速铁路仍是一个人—机系统，但它与一般人—机系统相比，不仅对“机”的质量水平要求大大提高，而且对“人”的素质要求也大大提高。

3.1.2 设备安全要素分析

高性能、高可靠性的设施装备是高速铁路运营安全的基础与保证。设备要素可分为移动设备和固定设备两个方面。

1. 移动设备安全要素分析

机车车辆的风险可分为机车机械风险和机车车辆运行风险。

机车机械风险包括设计制造风险和维护保养风险。设计制造风险包括是否有设计制造缺陷，是否采用了新技术和新材料，如无线列调、机车信号、列车自动停车装置以及阻燃、低烟、低毒、高分子材料和耐火涂料等。维护保养风险包括在机车车辆出现裂纹或缺件时能否及时发现并进行维护保养，在维护保养时维护保养水平高低不一，能否达到维护保养要求。

机车车辆运行风险指机车车辆在运用中超过车辆本身的载重或构造速度的要求行车，司机未按照操作规范作业等。

2. 固定设备安全要素分析

(1)高速铁路的线路

高速铁路的列车运行速度较高，为了保障安全，线路的建筑标准也高；其修建和养护标准也比较高，且要保持更严格的容许误差。因此，为了适应高速运行和繁重的运输任务的要求，必须加强线路的检测、监视和维修养护工作，采用先进的设备，来保证线路的质量和行车安全。

(2)大型场站安全要素分析

高速列车的空气压力波，将危及站台上的旅客及正在线路旁作业的员工安全。因此，正线侧站台的安全距离应不小于 2 m，而且必须设置防护栅栏，必要时设安全监视设备。对站场上空天桥等横跨股道的设备，应采取加固措施，必要时设落物监测装置。

(3)轨道电路安全要素分析

有绝缘节的轨道电路，由于绝缘节影响道床的稳定性，当绝缘破损后还会造成行车的不安全因素。许多国家都在研制无绝缘多信号的轨道电路，以满足高速铁路多信息、高可靠度要求。

3.1.3 环境安全要素分析

保障高速铁路运营的安全、顺畅，必须注重环境条件的影响。环境安全要素可分为自然环境和社会环境两方面。

自然灾害是影响铁路运输安全的重要因素之一。对于高速列车更是如此，其对外界条件的要求较之普通铁路要高得多，受外部环境的影响也大得多。因此，要安全、顺畅地保证高速铁路的运营，必须注重恶劣气候条件的影响。

由于气象原因而造成的自然灾害种类繁多，如暴雨、冰雹、大风、暴风雪或大雪、台风、龙卷风、洪水、泥石流、山体塌陷以及地震等等。上述的自然灾害均会对高速铁路的正常运输生产产生影响和造成危害。另外，酷暑、严寒等也会对高速铁路的场外安全作业产生不良影响。

除了灾害性天气外，影响高速铁路运行的还有视程障碍现象，如大雾弥漫、大雨滂沱、风沙现象和风雨现象等，即使使用电子摄像监控设备，仍难取得设备环境周围的清晰图像，难以实现对高速铁路运行环境的有效监控。

社会环境主要指社会政治和经济形式、安定团结的局面、社会治安保卫等。良好的社会环境将对高速铁路的运行安全起到良好的促进和保障作用。

总之，环境因素对于高速铁路的正常运营有很大的影响，势必要引起我们的高度重视。

3.1.4 管理安全要素分析

高速铁路的正常运营，除了依靠先进成熟的技术、系统来保障外，还离不开安全管理的有力支持。安全管理是高速铁路运营管理工作的重要组成部分。

安全管理就是以安全为目的，进行有关决策、计划、组织和控制方面的活动。控制事故可以说是安全管理工作的核心，而控制事故最好的方式就是实施事故预防，即通过管理和技术手段的结合，消除事故隐患，控制不安全行为，保障劳动者的安全，这也是“预防为主”的本质所在。

但根据事故的特性可知，由于受技术水平、经济条件等各方面的限制，有些事故是难以完全避免的。因此，控制事故的第二种手段就是应急措施，即通过抢救、疏散、抑制等手段，在事故发生后控制事故的蔓延，把事故的损失减少到最小。

高速铁路的安全管理应始终贯彻“安全第一”的理念。建立完备检修制度、制定预防灾害的措施、提高列车运行的可靠性、完善高速铁路应急管理体制等均是保障高速铁路安全运营的重要管理内容。

3.1.5 安全要素之间关系分析方法

以上各安全要素可归纳为人—设备—环境—管理关系。分析安全要素之间关系时，应运用系统科学理论和系统工程方法，正确处理人、设备、环境、管理四大要素的关系，深入研究这些要素的最优组合。

人—设备—环境—管理系统工程的最大特点是，把人、设备、环境、管理看作是一个系统的四大要素，在深入研究四者各自性能的基础上，着重强调从系统的总体性能出发，通过四者间的信息传递、加工和控制，形成一个相互关联的复杂大系统，并运用系统工程方法，使系统具有“安全、高效、经济”等综合性能，“安全”是指不出现人体的生理危害或伤害，并尽量减少事故的发生，“高效”是指令系统具有最好的工作性能或最高的工作效率，“经济”是指在满足系统技术要求的前提下，系统的建立要花钱最少，亦即保证系统的经济性。

3.2 高速铁路运营安全保障技术体系的构成

为保证高速铁路的高效运营，安全问题必须作为一个首要的问题予以重视。高速铁路运营安全保障技术体系正是保障高速铁路安全运行、预防和避免事故发生以及尽量减少事故损失的一个复杂大系统。深入探索和把握高速铁路的安全规律，建立健全高速铁路安全保障技术体系，形成高速铁路安全的长效机制，是确保高速铁路持续安全稳定的关键性、基础性工作。

3.2.1 高速铁路运营安全保障技术体系的构建

构建高速铁路安全保障技术体系应从高速铁路运营安全保障工作的系统性、复杂度和行车安全保障系统的大系统特征出发，着眼于人、设备、环境和管理四个方面来构建该技术体系。

为了保障高速铁路的运营安全，国内外铁路部门都采取了各种安全方法和手段。这些方法和手段中，基本可以归纳为以下几个方面：

1. 基于预防和事故避免的高速铁路安全的监控和检测技术

在高速铁路运行的过程中，采取最先进的技术，对影响高速铁路安全的人员、移动设备、固定设备和环境等因素的状态以及运输对象实时监控，随时发现问题，并解决问题，达到预防事故和消除事故隐患的目的。

2. 基于维护、维修的移动设备和固定设备的安全检测技术

在高速铁路设施设备运行的过程中，为了保持其完好状态，需要随时对其进行维护和维修。利用先进的检测技术，可帮助维修人员发现需要维修之处和确定维修的时间等。

3. 高速铁路运营安全管理技术

包括规章制度和标准管理、高速铁路安全教育管理和高速铁路安全监督检查三部分。

4. 应急救援与调查技术

虽然采用了以上三种技术来保障高速铁路的运营安全，但还是存在事故发生的可能性，还会产生一定数量的事故，这就需要采取紧急救援技术和措施，最大程度降低事故的损失。

5. 货运安全保障技术

我国部分高速铁路存在客货混跑的运营模式，货运对高速铁路的安全也有一定的影响。所以，应以确保高速列车安全运行为重点，全面强化货运安全管理，形成质量可靠、监控有力、管理有序的货运安全保障技术体系。

高速铁路的高效运转离不开标准。建立科学完善技术标准和安全管理规章制度是高速铁路运营安全最基本的保障。在高时速的运行条件下，技术标准必须科学严密，规章制度不能有任何疏漏，作业程序必须规范。为此，从 21 世纪初期，铁道部有关部门就开始研究和编制提速线路和高速铁路技术管理的办法、各专业的技术标准和规章制度，并发布了一系列技术标准。

适应高速铁路运营管理的需要，以职工素质达到高速铁路运营安全要求为目标，进一步完善铁道部、铁路局、站段三级职工培训网络，改进培训方法，创新培训方式，丰富培训内容，提高培训质量，着力构建铁路安全教育保障体系。

高速铁路运营组织具有联动性的特点，需要车、机、工、电、辆多部门的协同配合，因而安全管理工作难度较大。建立高速铁路安全监督检查保障体系对于高速铁路运营安全具有十分重要的意义。

根据以上分析，可以构建如图 3.1 所示的“全覆盖、立体化、高可靠”的我国高速铁路运营安全保障技术体系，为运营安全稳定提供可靠的保障。

3.2.2　基于预防和事故避免的高速铁路安全的监控和检测技术

高速铁路运营系统是一个复杂动态系统，其组成要素处于动态变化的过程中，为了安全管理和事故预防，应加强对影响安全的各种因素进行实时的监控和检测。高速铁路安全监控与检测的内容涉及高速铁路运营相关的所有方面，可以分为高速铁路设施设备（固定设备和移动设备）、环境（自然环境和社会治安环境）、人员等。高速铁路安全的监控和检测，应依靠先进可

靠的检查监测工具和手段，采取人机结合、动态检测和静态监控结合的方式，实现对主要行车设备、主要行车岗位、安全关键部位全方位、全过程的检查监测、信息反馈、考核评估，加快形成监控有力、反应灵敏、闭环管理的监控和检测保障技术体系。

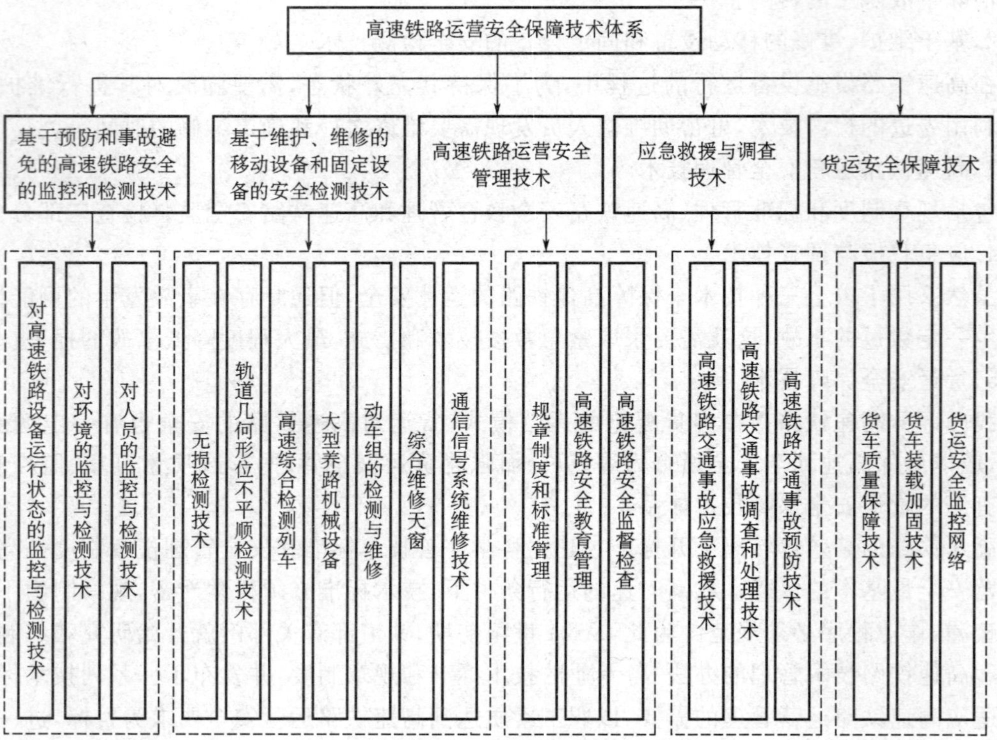

图 3.1　高速铁路行车安全保障体系

1. 对高速铁路设备运行状态的监控与检测技术

高速铁路设备包括固定和移动两种。对固定设备和移动设备进行监控的目的是随时掌握设备的运行状态，及时发现运行中可能出现的影响运营安全的因素和隐患。

(1)列车运行控制技术

高速铁路的核心是高速度。实现高速度的核心技术体现之一就是列车运行控制。列车运行控制技术主要由通信和信号作为支撑，以技术手段对列车运行方向、运行间隔和运行速度进行控制，使列车能够安全运行且提高运行效率，列车运行控制系统地面设备和车站联锁设备主要实现联锁控制功能，并生成列车控制所需的基础数据，通过车—地信息传输通道将地面控制信息传送给列车，经列车运行控制车载设备进行处理后，生成列车速度控制曲线，监督控制列车安全、高速运行。

列车运行控制系统主要由地面设备和车载设备组成。地面设备主要检查列车在区间的位置，形成速度信号，向列车传送允许速度、线路参数等信息。车载设备主要由天线、信号接收单元、制动控制单元、司机控制台显示器、速度传感器等组成。车载设备根据接收到的地面信息、列车特性，计算列车制动模式曲线，控制列车运行状态。

各国研制生产的列车运行控制系统（ATP/TC）有十余种，如德国的 LZB 系列和 FZB 系列、法国的 TVM 系列、日本的 ATC 系列。

作为时速 350 km 及以上的高速铁路，我国采用的是基于 GSM-R（铁路无线通信）的 CTCS-3 列控系统。该系统由车载子系统和地面子系统组成，可以实现移动闭塞，列车位置及列车移动授权由 GSP 和 GSM-R 传输解决，列车完整性检查和定位校核分别由车载设备和点式设备实现，使室外设备减至最少。其结构原理如图 3.2 所示。

(2)列车状态监测与诊断技术

列车状态监测与诊断技术主要应用于对列车各部分状态进行监测并进行故障诊断。监测的主要设备有轴温、车门、轮对、牵引电机等。利用该技术可以及时通报司机采取必要的防范措施，并可以通过无线通信系统，通知前方的维修部门做好检修更换的准备工作。

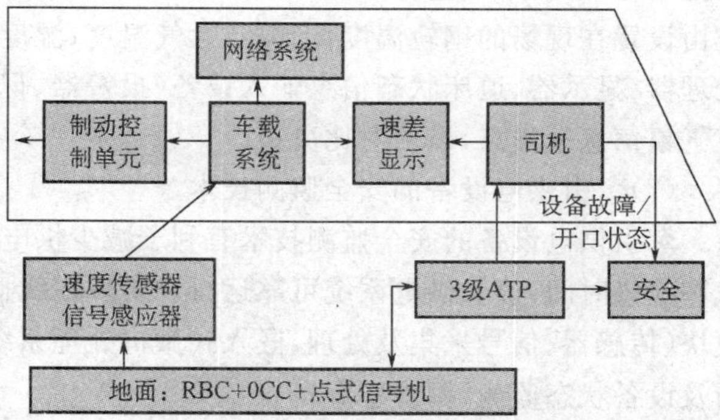

图 3.2　CTCS-3 结构原理示意图

高速列车实现全列车自动诊断，动车和拖车都装有数据采集和诊断计算机，对牵引动力、制动系统、走行部分、轴温、列车火灾以及车门、空调、照明等进行监测。一旦出现危及行车安全的隐患和故障时，会发出报警信息，问题严重时还会自动控制列车减速，甚至停车。

例如，德国 ICE 列车的诊断系统，不仅可以检测机车车辆、电气及机械方面的故障，而且可以实现列车故障诊断单元在发车前对每个系统进行可靠性和功能测试，有效地缩短整备时间。

(3)机车车辆诊断和实时检测技术

高速运行的机车车辆的状态，直接关系到行车安全与否。机车车辆的故障诊断和实时检测技术能够及时探测高速运行时的转向架的疲劳破坏状况、接触部件运动破坏状况、车体结构振动噪声、轴温状态、弓网接触压力、接触面几何状态、温度、滑动速度、磨损以及受电弓的结构状态、轮轨噪声、轨道变形、振动加速度等状态值。另外，将列车分离状况、车内温度、烟雾探测等情况通报给司机，使其采取必要的防范措施，并通知前方的维修部门做好检修、更换的准备。

(4)桥梁、隧道、重要立交道口的监测技术

高速铁路大量采用了桥梁、隧道、立交道口等建筑结构，这些结构的状态对列车安全运行起着重要的作用，所以必须对在这些结构及设备、设施进行监测，采用传感器件和信号处理技

术，对桥、隧道和线路的一系列参数进行测量和分析，以提供报警信号，使之通过信息通道及时传到综合调度中心，防止突发事件引起重大的行车事故。

(5)车站、站场状态的监测技术

车站及站场是列车与旅客相对密集的地方，为保障安全运营，应该设立相应的车站、站场状态的监测系统，实时监测站场状态，及时发现潜在的事故隐患，避免事故的发生。另外，在车站站台也要设置相应的监测系统，保证列车进站时或经过车站时，站台上旅客、工作人员及物品的安全。

(6)轨温监测技术

在现场设置钢轨及大气温度传感器，建立轨温监测报警系统，实时掌握钢轨温度，确定轨温控制标准，科学地进行轨温预报，也是保障高速铁路安全运营的关键技术之一。轨温监测系统由设置在现场的钢轨温度传感器、大气温度、湿度传感器，设置在养路工区(工务段)的信息处理器、显示器、道床状态信息输入设备(报警器、记录仪等)组成。同时在线路选定地点附近设气象信息采集点，以便对比决策。

(7)牵引供电设备的安全监测技术

牵引供电设备的安全监测技术有利于减少供电系统事故隐患，降低事故概率，缩短故障查找和检修时间，确保供电系统可靠运行。实现在线监测的关键技术包括个性化信号采集处理模块(传感器、信号采集及处理、嵌入式微机处理系统、远程通信)、后台智能专家系统和远程诊断及设备状态监测(调度中心)。

2. 对环境的监控与检测技术

高速铁路运营系统处于开放的环境状态，环境中的各个因素都会影响到高速铁路运营状态的安全性。环境因素包括自然环境和社会治安环境两种。加强对环境状态的监控与检测，随时了解环境的变化，对安全预防和事故避免具有重要的意义。

(1)自然环境的监控与检测技术

自然环境监测与灾害预测报警技术是高速铁路运营安全保障技术体系中不可缺少的重要技术手段之一。它主要是对自然灾害及沿线环境进行监测，在要监测的地区设置相应的监测设备和预警系统，并将信息传送给有关场所。监测的信息主要有雨量、风速、风向、地震、洪水、落石、着雪量、泥石流等。防灾用的监测设备预先设定基准值，一旦达到基准值，系统自动报警。

①雨量及洪水监测技术

雨量及洪水监测系统由数据采集设备、监测终端设备以及监测主机设备构成。数据采集设备主要包括雨量计、水位仪、防撞监视仪、冲刷测量仪、洪水测量仪等。数据采集设备测得的数据通过通信线路传输并显示在监测终端上。调度人员根据此降雨状况发出警戒命令及限制列车运行速度。

②地震监测技术

地震监测系统主要是对地震进行监测并采取紧急措施以减少事故损失。系统由振动加速度传感器和中心监视设备两部分组成。振动加速度传感器检测加速度值和P波，具有自动报警、显示加速度波形功能，同时能够分析处理监测数据。例如，日本东海道新干线沿线的14个地方设置了地震预报系统，在沿线的25个变电所设置了地震计，一旦监测到危害可能性大的地震后，变电所内的断路器会自动断开，停止送电，使列车紧急停车。

③强风监测技术

强风监测技术是在铁路沿线设立监测点，安装风速、风向传感器和采集单元，实时采集风速、风向数据，数据超过报警值便发出报警；用户确认报警信息和现场情况后，及时采取应对措施，如减速、停车或躲避等。

④落石监测技术

在易发生危害性落石滑坡的地方安装落石监测仪，当落石砸到检知网上时，监测线路被切断，使现场的红色信号灯闪亮，安装在车站上的报警装置发出报警信号，从而阻止列车驶入相应地区。

⑤泥石流监测技术

在泥石流易发生区及其周围设置雨量计、风速计，在有滑坡的地方增设滑坡计等，同时设置测量通过颗粒的组合成分等仪器，根据不同地区的情况确定适当的标准值，数据超过一定值时就会报警或预报险情。

(2)社会治安环境的监控与检测技术

加强防护网、立交道口、沿线绿化等工程建设，健全护路联防联控机制，强化治安综合治理，完善区段巡察看护制度，采取物防、技防、人防相结合的综合防护措施，着力构建全天候、立体化的治安防范保障体系。

①安全防护工程技术

为杜绝机动车辆等异物侵入运营线路，高速铁路基本上采取的是"全封闭、全立交"安全防护方式。安全防护技术包括安装高标准的栅栏，做好线路绿化，完善道口防护设施，提高道口防护能力，加固上跨铁路立交桥防护设施，实现站区全封闭管理等。

同时，应健全护路防控责任制。以铁路公安部门为主，工务、车务等单位配合，建立分工明确、职责清晰的护路联防责任体系。公安部门重点抓好线路治安巡察、路外宣传等工作，切实发挥沿线治安防范的主体责任；工务部门重点抓好栅栏、绿化等安全防护工程建设和日常管理；车务部门重点加强站区管理。进一步明确公安民警、工务巡线人员、护路联防队员的巡护范围、工作标准和职责要求，健全联防联控制度，加强日常管理和考核，确保各项巡查措施落到实处。进一步完善线路巡查制度，形成制度化、规范化的护路管理机制。

②铁路入侵检测技术

铁路入侵检测技术是指在铁路视频监控环境下，让计算机在不需要人参与的情况下，通过对视频序列的处理，实现对入侵行为的自动检测和分析，并对危险行为做出报警。铁路入侵检测的核心技术包括实现铁路入侵物体的定位与跟踪、对入侵行为进行识别和分析、生成报警信息等内容。

3. 对人员的监控与检测技术

人员是指是对高速铁路运营安全产生直接影响的人员，包括提供服务者、被服务者及其他人员。一些人员的行为与交通密切相关时，应加强对其行为状态的监控与检测，这是保证高速铁路运营安全的一个重要内容。

提供服务人员的行为，可通过交通行业相关的作业标准、规范等约束，并采用一定的设备，监控提供服务人员的工作状态。

对被服务人员的监控与检测，主要是在客运站内、高速列车上进行，需要一定的监控和检测设备（主要采用红外线、超声波检测，电视监控等设备）完成。如对旅客、行李、货物等进行检查的安全检查系统，该系统的主要功能是防止将易燃、易爆、危险品带到车站内，带上运输工具，防止无关人员进入站内和登上高速列车。再如，对车站隔离区、车站出入口管理和安全监控，对重要设施和区域的进行监控和检查的安全保卫系统，其主要功能是防止旅客或非旅客炸毁列车，防止无关人员进入隔离区、登上列车、进入轨道，保障车站设施安全，维护候车室正常秩序。

3.2.3 基于维护、维修的移动设备和固定设备的安全检测技术

高速列车的普遍开行加剧了轨道等设施装备的恶化，使得养护维修工作量增加，但随着行车密度的提高使得养护维修作业时间越来越少，如何提高养护维修的针对性和作业效率是维修技术要解决的关键问题。基于维护、维修的移动设备和固定设备的安全检测技术应以确保高速铁路的线桥隧涵、牵引供电、通信信号等固定设备质量为重点，更新维修理念，采用先进维修手段，创新维修方式，加强设备精检细修，全面提升设备质量，确保动态达标。

设施装备维修技术的主要功能有：对线路状况进行监测及管理，管理线路的日常维护及保养，安排施工，工务设施检修、故障履历管理，维护计划管理。通过集中对全线的信号及相关的控制设备的状态进行监测，建立通信网管监视系统，各专业机房环境监测系统，及时掌握电务设备及其工作环境的状态，合理安排维修，保证系统正常运转，一旦出现故障，及时采取有效措施，使危害降至最低程度，并作为制定维修计划和安排综合维修天窗的主要依据。在发生事故灾害时，提供紧急救援方案。负责线路维修计划、慢行区段指定以及灾害情况修复作业安排，在轨检车定期检测数据的基础上，对测试数据及线路巡视人员的检查报告等进行管理。

基于维护、维修的移动设备和固定设备的安全检测技术应注重以下几点：

一是树立全新的维修理念。工务部门要树立零误差的维修理念，严格执行线路维修标准，提高线路质量；电务部门要树立零故障的维修理念，通过精检细修，提高设备安全可靠性；供电部门要树立零缺陷的维修理念，加强对牵引供电设备的日常检查和维修，消除设备主要缺陷。

二是优化检修资源配置。增加并统筹大型养路机械资源，做到科学布局、集中管理、统一

调度使用，最大限度发挥大机效能；动态优化维修机具配置，做到大机与小型机群成龙配套，维修能力与作业量相互匹配。

三是推行新的维修方式。工务系统要大力推进“检养修”分开，加快构建以专业修、集中修、机械修为主，临时补修为辅的维修模式；电务系统要大力推行“值检修”分离的维修模式，全面实行状态修、集中修和专业修，大力提升设备维修标准化和规范化水平。供电系统要进一步完善委管体制，加大监管力度，加强质量监督考核，确保接触网设备动态达标。

四是强化关键部位质量控制。组建线路、道岔、曲线、钢轨打磨等专业维修队伍，充实管理人员和专业技术力量，提高关键部位的维修质量；加大设备投入，配备专用维修设备，特别是各类检测、监控、维修设备，满足设备日常检测维修的需要；加大技术攻关力度，研制轻量化、高精度、适合现场作业需要的小型工装机具，提高日常维修作业的效率和质量。

下面具体介绍几种基于维护、维修的移动设备和固定设备的安全检测技术。

1. 无损检测技术

无损检测(Non-destructive Testing，NDT)是一门新兴的综合性应用技术。它以不损害被检验对象的使用性能为前提，应用多种物理原理和化学现象，对各种工程材料、零部件和结构件进行有效地检验和测试，借以评价其完整性、连续性、安全可靠性及某些物理性能。周期性地对高速铁路机车车辆各零部件进行无损检测，对于保证列车安全运行起着十分重要的作用。

(1)机车车辆转向架无损检测

列车车轴的无损检测方法主要有磁粉检测法和超声波检测法。车轮动态检测方法主要有超声波检测法、电磁超声检测法、振动加速度检测法和光学图像检测法等。

(2)机车车辆滚动轴承无损检测

为了预防由轴承故障引起的事故，在我国铁路干线上都安装了大量的红外线轴温探测系统，并形成了探测网络，以便及时发现温度过高的轴承，防止燃轴、切轴和脱轨事故。在高速铁路中，一些新技术与新装备在不断地应用到滚动轴承早期故障的预报检测中。

(3)铁路钢轨无损检测

主要采用手推式和全自动式轨道检测车相结合的方式对钢轨进行检测，采用的无损检测手段主要是超声波检测法、磁粉检测法和涡流检测法。

机车车辆无损检测基本方法应用于机车车辆的无损检测方法主要有超声波检测、磁粉检测、涡流检测等方法。

2. 轨道几何形位不平顺检测技术

由钢轨、轨枕和道砟组成的轨道结构是一个不完整的、易变形的结构，这种结构的变形即轨道不平顺，它是导致机车车辆和轨道产生振动和破坏的原因。轨道几何形位检测分静态和动态检测，检测设备主要是轨检车。我国轨检车的车载计算机系统对检查的数据进行处理，提交给用户轨道Ⅲ、Ⅳ级超限报告表、曲线摘要报告表、区段总结报告表、轨道质量指数报告表和轨道几何不平顺波形图。若建立轨道不平顺职能专家辅助决策系统，用于指导现场的综合养护和修时，需要利用这些未进行处理的、以原始采样间隔保存的数据，这些数据包含了很多有用的信息，对建立轨道状态恶化预测模型是不可缺少的数据源。

3.高速综合检测列车

综合检测列车是实施定期检测、综合检测和高速检测的重要手段。实现对轨道、接触网，通信信号等基础设施的综合检测。综合检测列车上安装了以下系统：轨道几何状态检测系统，轮轨动力学检测系统，接触网状态检测系统，轨道电路特性、列车控制系统状态检测系统，无线场强检测系统。综合检测列车主要装备：录像装置、架线间隔测定装置、ATC测定装置、列车无线设备测定装置及测定台；轴重横压测定轴、轴箱测定加速度计；轨道高低变位和车辆摇动测定装置、线路状态监视装置、轮重横压数据处理装置和录像装置；架线磨耗偏位高低测定装置、集电状态监视装置、受电弓观测装置、数据处理装置、供电回路测定装置、车次号地面设备测定装置。

4.大型养路机械设备

大型养路机械设备是轨道综合维修的主要作业手段，按周期、有计划地对线路进行的综合性修理，以恢复良好的线路技术状态。大型养路机械设备包括三枕捣固综合作业车、正线和道岔综合作业捣固车、高精度连续式捣固车、高效清筛机、路基处理车、线路大修列车、96头钢轨打磨车等大型养路机械设备、道岔清筛机、移动式焊轨车和大容量的物料运输车等大型养路机械设备。

5.动车组的检测与维修

高速运行的动车组停站时间非常短，在停站时无法通过人工检查或监视各种设备和部件的工作状态和故障情况。动车组设备在设计阶段就已考虑到自动诊断和故障、工作状态的监测。

为提高高速铁路动车组的使用寿命及性能，提高其经济效益，必须采用先进的维修技术对高速铁路动车组进行维修。国外高速动车组的检修制度是以可靠性、舒适性为中心，实行计划定期检查和整备与监控预报状态修理相结合；单元部件换件修和寿命管理、主要元部件实行专业化集中修理相结合的维修制度。

动车组的检修在动车组检修基地和运用所中进行。检修基地负责全部修程的检修任务；运用所负责动车组的日常检查和少数部件更换。铁道部直接管理动车组检修基地，并以检修基地为中心，辐射各个运用所，形成统一管理的检修网络。

我国现已建立了北京、上海、武汉、广州四大动车检修基地；建成了北京、北京西、上海南、沈阳、青岛、广州东6个动车组运用所；并在2010年，发展哈尔滨、大连、济南、西安、成都、郑州、汉口、长沙、新深圳、福州、南昌、杭州、南京等运用所。

6.综合维修天窗

建立完善的“天窗”维修管理办法。运输调度部门要树立保“天窗”就是保安全、保能力、保效率的思想，科学调度，精心铺画；设备维修单位要优化生产组织、劳动组织和作业方式，提高作业能力和作业效率，尤其是夜间作业能力，用足用好“天窗”点。要区别不同线路情况和作业内容，合理安排“点”内“点”外作业，缓解施工与运输的矛盾，满足设备动态达标的要求。

7. 通信信号系统维修技术

高速铁路的通信信号系统采用了大量的新设备、新技术，科技含量高，容易受到外界影响，其维修技术要求更高。信号设备维修实行电务段、维修车间、维修攻取三级管理模式。大修由铁路局委托专业公司或施工企业进行；硬件日常维修由信号工区负责，软件维护和升级由设备供应商负责。通信设备维修工作分为大修、日常维修两部分。电务段负责通信设备的运用管理，铁通公司等通信企业负责通信设备维修工作。

3.2.4 高速铁路运营安全管理技术

1. 规章制度和标准管理

交通安全法规管理是安全管理的重要组成部分。依法规范组织和个人在生产活动中的行为，坚持“安全第一，预防为主”的基本方针，强化安全管理、安全监察和安全技术培训是安全生产的保证。高速铁路规章制度保障体系应以确保运营安全为重点，以基本规章为依据，分系统、分层次建立和完善各项规章制度办法，形成科学严密、统一规范、动态优化、具体可行的规章制度保障体系。科学严密，就是结合新技术、新设备大量运用的实际，从理论到实践，从技术标准到作业标准，深入进行科研论证，确保各项规章制度经得起运营实践的检验。统一规范，就是以基本规章为基准，建立覆盖各专业、各层面的专业规章、技术文件、作业标准和作业程序，形成统一、规范、完备的规章制度体系。动态优化，就是根据铁路运输生产组织的变化要求和运输安全工作实际需要，及时废止、修订和补充完善各项规章制度和办法，确保各项规章制度具有较强的时效性和指导性。具体可行，就是依据基本规章制度，每个层次、各个系统制定出明确、具体、细化的规章制度，确保落实到一线、落实到岗位。

(1)完善各项规章制度

铁道部有关部门应结合高速铁路运营安全面临的新情况、新变化，对技术管理规定和技术管理办法等规章制度进行充实和完善。各专业部门要对专业规章规程进行废修补。各铁路局、站段要结合本单位实际，对《行规》、《站细》、《段细》进行细化和完善，确保各项规章制度和管理办法严密规范。

(2)建立规章制度动态优化机制

明确铁道部、铁路局、站段三级规章制度的管理范围、管理责任和归口部门，实现规章制度的分层分级管理；进一步完善规章制度的起草、评审、会签、批准和发布程序，确保规章制度的严肃性和权威性；建立规章制度的动态完善制度，保证各项规章在动态中优化、在发展中完善。

2. 高速铁路安全教育管理

高速铁路的运营除了需要高可靠性的设备和运行控制手段之外，人的因素也是不容忽视的。因为所有的设备和控制仪器都需要靠人来掌握，所有的法规章程要靠人来执行。建立健全高速铁路安全教育保障体系，是减少人的不安全因素、提高运营安全水平的有效途径之一。

(1)建设培训基地

建设铁路职工培训基地，集中全路培训资源，重点组织好高级专业管理人员和先进装备运用操作人员的培训；建设铁路局或高速铁路运营公司的系统培训基地，重点对行车主要工种、特种作业人员进行培训；建设完善站段实训基地，强化对一线职工实际操作技能和应急处置能力的培训。同时，充分利用社会培训资源，加强部校战略合作，建设铁路高技能人才培训基地，形成功能完善、布局合理的职工培训网络。

(2)开发培训教材

高速铁路管理部门联合有关高等院校，编写分别适用于高等院校教学、职工培训和职工应知应会需要的三大教材体系。通过开发课件、装备先进的模拟培训设备等手段，提高培训效果。

(3)建设高素质师资队伍

培养高素质铁路职工培训师资队伍，尤其要重视和加强基层站段职教队伍建设，优化和改善职教队伍的文化结构、专业结构、知识结构和年龄结构，为提高职工实作技能培训质量打下坚实基础。

3.高速铁路安全监督检查

高速铁路安全监督检查保障体系应严格遵循我国现行的安全管理体制——“企业负责、行业管理、国家监察、群众监督”来建立。强化铁道部安全监察司的行业监管机构的职能，强化铁路局和铁道部安监司特派员办事处两级安全监督检查力量的整体功能，加强站段的安全监督检查力量，强化安全生产的外部监督、安全监督更贴近运输现场。各级安全监察部门应加强对问题整改情况的检查，及时处理各类安全隐患和问题。

3.2.5 应急救援与调查技术

安全保障技术的作用是保护列车安全，避免事故发生，尽管高速铁路为保证行车安全采取了各种措施，但仍可能有不可预见的事故发生。因此，除了采取各种防范于未然的措施之外，还应具备各种应急救援、事故处理、灾后恢复等设备和能力，建立一套完整的事故应急处理系统，对减少人员伤亡、减轻事故损失具有非常重要的意义。

1.高速铁路交通事故应急救援技术

高速铁路交通事故应急救援技术的作用是科学规范灾害事故发生时的救援抢修和突发事件出现时的应急处置方法和程序。在高速铁路运营系统遭遇自然灾害或突发事件时，通过应急救援技术及系统向上级报告、向下级发出救援指令，指挥组织救援并协调地方救援力量。防止人员伤亡和财产损失的扩大，减少对运输秩序的影响，尽快恢复正常的运营秩序。

2.高速铁路交通事故调查和处理技术

高速铁路交通事故的应急处置技术，要依据《中华人民共和国安全生产法》、《中华人民共和国铁路法》、《铁路交通事故调查处理规则》、《铁路交通事故应急救援和调查处理条例》等相关法律法规处理。其目的是通过对事故应处置的调查研究，科学分析事故的致因因素，对事故责任进行追究，总结事故发生的规律和教训，提出有针对性的措施，防止类似事故的再发生。

3. 高速铁路交通事故预防技术

通过建立高速铁路交通事故预防的网络体系，实现对列车、乘务人员、线路和车站的实时监控，对事故易发地段的重点预防、专业预防，并将采集的灾害信息传递给高速列车调度和控制中心。

3.2.6　货运安全保障技术

我国部分高速铁路存在客货混跑的运营模式，为了保障高速铁路运营安全，迫切需要先进的技术装备来保障货运的安全。

1. 货车质量保障技术

加强货车厂修、新造车辆的质量把关，完善质量检查验收和召回赔偿制度，提高货车生产制造质量。加强货车日常检修，严格货车检修标准，加强检修工艺线建设，完善质量责任追究制度，全面提高货车段修质量。加强货车运用维护，重点抓好装卸车作业标准化。加强列检作业，随时处理货车质量问题。加大车辆检查整修力度，集中整治不良货车，大力压缩破损货车。建立货车质量联保控制机制，确保车辆状态良好。

2. 货车装载加固技术

优化装载加固方案，建立方案库，实现信息化管理。改进装载加固手段，提高装载加固效率和质量。加强特种货物承运管理，重点抓好散堆装、易脱落、会窜滚、可旋转和阔大货物，以及危险化学品的全过程装载运输管理，加强在途和保留货物列车监控，确保运输万无一失。

3. 货运安全监控网络

利用车辆运行安全监控系统——5T 系统，不断提高货车运行状况实时监控质量。采用超偏载检测装置、轨道衡、危险货物检测仪等安全检测设备来保障货物的安全状态，实现信息联网、集中控制，充分发挥作用。

复习思考题

1. 影响高速铁路运营安全的要素主要有哪些？

2. 高速列车运行控制技术主要有哪些？

3. 描述高速铁路运营安全保障技术体系的构成。

4 高速铁路运营安全监控技术

列车高速度、高密度运行对高速铁路行车安全监控提出了更高的要求。首先需要对列车运行状态进行在线或定期监测和检测，采集相关信息。对于采集到的各种原始信息，由各种信息管理系统进行融合集成处理、分析与判断。综合调度中心或综合维护与救援调度中心从各信息管理系统获取相关的信息以判定固定设施、移动设备等是否异常，根据异常事件的性质和级别对运行中的列车进行综合监控，或实施预警，或限速运行，或中止行车，以确保高速列车运行安全。

4.1 高速铁路安全信息采集技术

应用信息采集技术对超越各种设备安全设计限度的突发事件，实行安全监测，据此进行列车运行管理。安全监控对象主要包括固定设施、移动设备和行车事故等几方面。首先对高速铁路安全信息简要介绍。

4.1.1 高速铁路安全信息

高速铁路安全信息遍布铁路各个管理部门，涉及铁路运营、维修环节的全过程，主要包括列车运行控制、电力调度、接触网和线路状态检查等各个方面。

1. 高速铁路安全相关信息分类

根据《铁路信息化总体规划》，高速铁路信息管理系统覆盖了各个运输管理部门。按照高速铁路安全相关信息面向描述对象大致可分为如下几类：

(1)铁路空间信息

空间信息指由各种航拍、车载和地面测地遥感技术所获取的高速铁路系统各物资要素存在的空间分布、时序变化及其相互作用信息的总体，主要包括固定设备(如线路、桥梁、隧道、车站、信号)和移动设备(如动车组)等的时空分布及相互联系的信息，例如站名、线名等字典，具体内容见表 4.1。空间地理信息对各个运输管理部门的信息资源综合开发利用起着基础的支持作用，对空间信息和铁路业务信息进行数据挖掘而得到有价值的知识，对线路的规划、维修和事故后的救援指挥进行决策支持。

(2)铁路运输基础信息

与列车运行安全相关的主要信息，如列车运行及编组情况、动车组等移动设备履历及其状态信息、线路、轨道、桥梁等固定设施信息。这部分信息大都由运输生产基层部门产生，是保证铁路运输生产正常运转的基础，也是整个铁路运输生产正常运转的信息资源基础。

表 4.1　铁路空间信息类别和内容

信息类别	具 体 内 容
电 子 图	线路配置图、线路综合图、车站线路配置图、桥隧配置图、桥梁电子略图、电务设备配置图、电务综合图、电气化综合图、水害防洪图、运输站场平面图、区域性枢纽图
铁路图形、图像	铁路沿线视频图像、重要设备图像、抢险救灾和事故现场视频图像、重要地段地形地貌图像
虚拟铁路信息	铁路运输组织情况的实时三维空间信息
水灾防洪、抢险救灾地理信息	水灾防洪、抢险救灾现场的水文、地质、交通、铁路、设备、水库、河流的实时空间信息

(3)业务应用系统信息

铁路业务管理信息系统产生的信息，是对铁路运输生产环节各工作的特征描述和分析，也和列车的安全运行密切相关，如供电设备状态管理信息系统中的变压器工作状态信息，通过这些信息可以判断系统是否能给供电臂下的高速列车正常供电。这部分信息能够在分析的基础上产生新的、可为运输安全生产管理参考的信息。

高速铁路运营安全信息包括安全管理、设备和设施的监测信息以及一些沉淀在安全管理信息系统中的历史数据，见表 4.2。

表 4.2　高速铁路各部门涉及信息简表

部门 相关数据	应急救援指挥中心	安监部	应急管理办公室	工务部	电务部	机务部	车辆部	调度所	运营部
铁路地理信息	√	√	√	√	√	√		√	√
铁路视频静图信息	√	√	√	√	√	√	√	√	√
救援资源相关信息	√	√	√						
环境信息	√	√	√	√	√	√	√	√	√
电力监测信息	√	√	√						
列车运行状态	√	√	√			√			
事故预案信息	√	√	√	√	√	√	√	√	√
线路毁坏信息	√	√	√	√					
电务设备信息	√	√	√		√				
动车组故障信息	√	√	√	√					
动车组基本信息	√	√	√			√			
动车组设备视频监视信息		√				√			
动车组走行部实时监测信息						√			
电力监测信息	√		√		√	√			
红外线轴温监测信息	√	√					√		
车辆轮对尺寸动态监测信息							√		

2. 铁路安全信息的特点

高速铁路运输系统的安全相关信息涉及人(乘客、乘务员和管理者)、动车组各关键零部件和相应的基础设施等的信息,具有以下的特性:

(1)多源性

高速铁路运输系统信息种类繁多、来源广泛。不仅与人相关,而且与运输的基本设施相关;不仅与时间相关,而且与空间密切相关;由于系统是动态的,所以数据有历史数据,有实时数据,还有根据历史数据按照预测方法预测的数据;同时安全信息数据和空间有很大的关系。

(2)异构性

高速铁路运输系统所涉及的安全相关子系统,都是各个管理部门根据本部门的所管理的设备、设施的特性,分别决策采用的不同厂商产品构建的,基本上都是自成体系的。各个子系统采用的应用程序不同,接口标准不统一,数据的种类也多,不仅存在关系型数据源,还有多媒体信息,包括语音信息、文字信息、图像信息及视频等等,甚至还存在大量的文件系统。

(3)层次性

高速铁路安全相关数据依据数据抽象的层次,有基础数据、特征属性数据和状态描述数据。基础数据层从各类信息源获取的基本监控数据;特征属性数据是不同数据获取模式及其统计数据,侧重于识别判断(环境监测、交通流监测、事件判断);状态描述数据是列车运行状态的描述模式及其统计数据,侧重于列车运行影响分析和预测。

4.1.2 安全相关信息检测与监测技术

根据不同监控对象,保障高速铁路运营安全的信息采集技术繁多,下面主要介绍常用的轨道状态信息、车轴信息采集、环境监测技术。

1. 位移传感器

铁路常用的位移传感器是液体摆倾角传感器,用来测量轨道的水平状态等。其工作原理是使液体处于密闭容器中,当容器发生倾斜时,液体受重力作用保持液面水平,相对于容器不产生相对运动,而容器中各处的压力发生相应变化,导致倾角变化,如图 4.1 所示。当两压力传感器处于同一水平时,两侧压力测点处的压力是相同的,由于两个压力传感器的特性相同,其输出电压的差值为零。

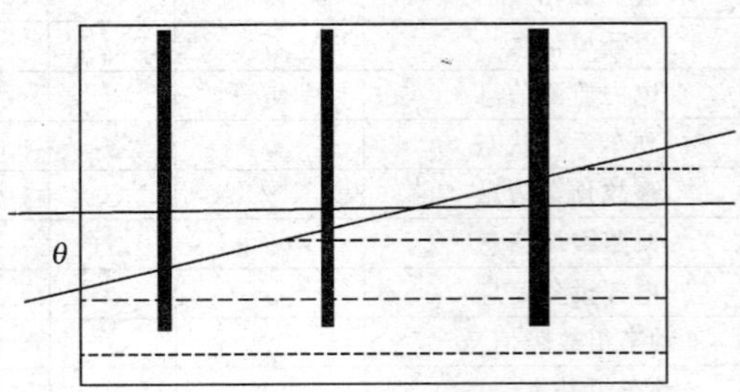

图 4.1 倾角为 θ 时位移传感器原理示意简图

当传感器倾斜时,根据帕斯卡定律,两侧测压点处的压力将出现相反的变化,两侧的压力差为:

$$\Delta p = \rho_{液} gH \tag{4.1}$$

压力差与两侧压力测点之间的高度差 H 成正比，可以求得角度：

$$\theta=\arcsin H/L \tag{4.2}$$

高程差倾角传感器直接以高度差来表示倾斜度或倾角的大小。传感器的尺度可以尽可能地接近被测对象的长度（如轨距 1 435 mm），避免用倾角换算为高度差时因被测对象尺度过大而面临的以小测大的问题。采用高程差倾角传感器，精度为 1 mm。

2. 高速摄像技术

高速摄像技术广泛应用于安全监测，不论是对钢轨、轨道部件、接触网等固定设施的形态检测，还是对车轮、转向架等移动设备构件的工况监测。常采用电荷藕合器件图像传感器（Charge Coupled Device，CCD）进行图像采集，CCD 由一系列彼此非常靠近的 MOS 电容器组成，能够存储电荷，把光线转变成电荷，通过模数转换器芯片转换成数字信号。在高速铁路运营过程中，高速 CCD 激光位移传感器系统可以进行路障的检测。

（1）静止路障的检测

危害高速列车运行的路障，可以利用 CCD 获得轨道的图像信息，采用边缘检测的方法提取铁轨所在的区域，分析轨道上是否存在危及行车安全的障碍物。路障检测采用基于 DSP 的嵌入式系统，按照以下步骤进行处理：

第一步，应用 CCD，获取轨道所在区域的图像信息。

第二步，对获得图像进行分离处理，把轨道所在的区域从背景中分离出来。

第三步，对轨道所在的区域内进行模式识别，提取轨道相关的特征信息，以识别是否存在障碍物。

第四步，如果存在障碍物，则对检测到的障碍物进行识别，并与专家库中有关路障的特征信息进行匹配处理。

第五步，根据障碍物的类型、大小以及其他特性，判断其危害列车运行危险程度，向乘务员提出警示信息。

（2）运动路障的检测

运动路障的检测关键是将序列图像的变化区域从背景图像中提取出来。运动区域的检测方法可以分为模板匹配、光流和背景减除。一般采用背景减除的方法，由于铁路的复杂环境中经常出现一些背景的微小变化，如云层的变化、风雨雾雪等恶劣的自然情况，简单的背景减除效果就会受到影响，可以在系统中建立环境图像的背景统计模型，用自适应背景减除算法提取前景区域，并在线更新背景的统计模型。图 4.2 为路障检测系统整体框架原理图。

3. 红外线轴温探测技术

利用红外线技术可对运行的列车轴温进行监测，发现车辆热轴、防止车辆燃轴。依据红外线探头对轴箱采集点位置进行扫描，对不同环境温度、线路条件、车型和车速条件下轴箱温度数据分析，有效把握热轴发展过程。按其对行车安全的危险程度将热轴分为微热、强热、激热等故障阶段。

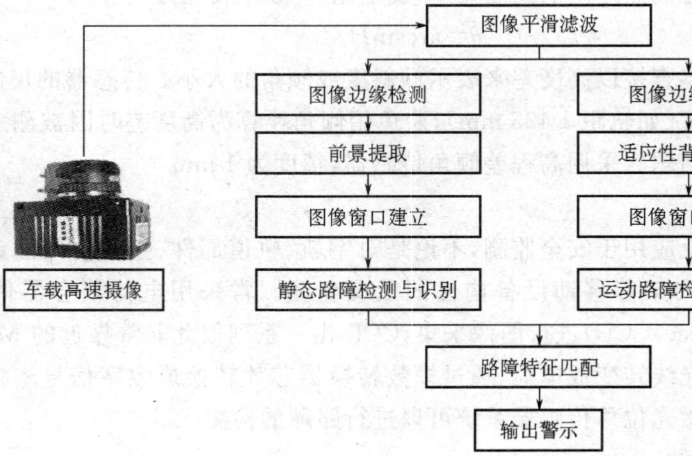

图 4.2　路障检测系统整体框架原理图

红外线轴温探测系统包括中央管理系统和轴温采集系统。中央管理系统能对各个探测站进行网络管理。面向高速铁路的红外热轴探测系统采用光子(如 TeCdHg 等材料)探头作为测温敏感器件,克服热敏电阻响应速度较慢的缺陷,具有很高的响应速度,适应的列车时速最高可以达到 360 km。

红外热轴探测系统的信息处理包括四个主要方面。

(1)轴温探测

应用光子探头探测得到轴温相应的电压数据,通过转换计算得到轴箱探测部位的实际温度。

(2)计轴计辆

将探测到的动车组各轴承间的相对距离数据进行分割,形成按照各辆动车或者拖车分开的数据段。

(3)滚滑判别

我国高速铁路不同的运营线路采用不同的动车组,轴承各异,轴温检测系统面向滚动轴承和滑动轴承进行检测,根据滚动和滑动轴承的不同的温度响应曲线对轴承的类型进行判别,是进行热轴判别的基础。

(4)热轴判别

根据不同的轴承类型依据的不同热轴判别标准,将探测到的轴温和热轴的判别标准进行比较,判断轴承是运行在正常轴温还是热轴状态,以及热轴的等级是微热、强热还是激热,以便采用相应的措施,进行维修还是停运,避免事故的发生。

4.超声波技术

应用超声波(频率超过 20 kHz 的声波)技术可以进行轨道位移的发生、磨损或者内部出现伤痕的检测。在检测过程中，检测设备无需接触与轨道接触，便可准确判断铁轨开裂位置，甚至裂痕的深度也可测量出来，有助于及时排除铁轨断裂可能带来的潜在危险。

(1)超声波进行钢轨探伤原理

利用声波在不同介质中的传播特性，用200 kHz的声波射入到被检钢轨中，如果钢轨中有损伤，也就是说钢轨已经不是由同一介质组成的，那么超声波会被反射回来，根据反射回来的超声波信号，可判断钢轨中伤痕的大小及其位置。在探伤仪上安装有不同角度的探头，可以对钢轨的不同部位的损伤进行检测。如70°角探头，用来发现轨头内的核伤或横裂，35°～45°角探头可探轨腰及螺栓孔损伤，而应用垂直探头发射纵波，则可探轨头轨腰轨底的水平裂纹、纵裂纹。

(2)钢轨探伤系统

钢轨探伤检测系统主要由探头、超声收发装置、探头伺服控制系统、探伤数据采集系统、损伤分析系统、耦合液喷淋系统、主控计算机以及外设等组成。

在钢轨探伤检测系统中，探头装有超声换能器，通过超声发射电路使换能器按定频率发射超声波。系统进行工作时，耦合液喷淋装置在探头和钢轨之间喷洒耦合液，保证探头与钢轨耦合良好，保证超声波束的大部分能量能传入钢轨内。如无损伤存在，波束到达钢轨底面后依原路返回探头，得到底波。否则在底波前出现一个损伤波，而底波峰值降低或消失。

超声回波信号经超声接受装置放大、滤波及电平转换后送入高速数据采集系统。数据采集系统按规定格式记录下回波信号的波程、峰值及脉冲重复周期的序号，形成数据文件送入损伤分析系统。损伤分析系统判断出有无损伤并描绘出钢轨伤损图，当探测出有损伤时会自动报警，如图4.3所示。

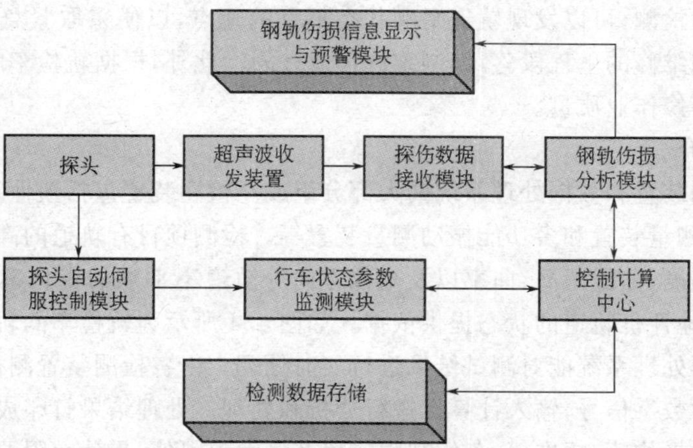

图4.3　超声波钢轨探伤系统结构示意图

5. 牵引供电系统监测报警技术

牵引供电系统监测报警技术涉及计算机网络、多媒体技术和数字技术，实现牵引供电系统的远距离、大范围的数字化监控，形成牵引供电系统的“遥视系统”，与自动灭火系统一起，组成变电所安全监控系统。进而，在沿线各变电所增加视频监控系统，可实现系统的遥控、遥测、遥调、遥信、遥视功能，获得变电所的各种电气参数、遥控各个电器开关等。

采用红外辐射探测技术实现报警信息采集，双监探测器采用微波、红外两种检测方法，有效检测人员入侵，烟雾和温度传感器采集火灾的信息，门禁开关用于检测门的破坏。

6. 环境监测相关技术

我国地域跨度大，不同地域高速铁路面向不同的自然灾害（大风、暴雨、雪灾和地震等），严重影响线路设施、供电和信号设备的安全，危及高速列车的安全运行。通过感烟探测器、火焰探测器、雨量传感器、温度传感器、红外线围禁传感器等设备检测灾害的发生，监测其发展，预测其影响，然后再利用计算机技术、数据通信技术等实现信息传输及信息综合管理，实现对灾害的动态应急管理。

4.1.3 安全信息采集技术的集成应用

高速轨检车和综合检测车采用多种信息采集技术，集成数字滤波及图像处理等技术，以计算机为数据处理主体，进行信息的模拟与数字混合处理，对列车运行状态参数进行实时跟踪检测。使用轨检车和综合检测车可及时掌握上述系统的质量状态，正确指导养护维修，确保铁路运输安全。

1. 轨检车

轨检车是专门用来检测轨道的几何状态和不平顺状况，以便评价轨道几何状态的特种车辆。通过轨检车的检测，可以发现轨道平顺状态不良的地点，以便采取紧急补修或限速措施，并确定应进行计划维修的里程段落，编制维修作业计划。此外，根据轨检车的记录也可评定轨道的养护水平和整修作业质量。

(1)轨检车简介

轨检车由检测装置和数据处理系统两大部分组成。检测装置包括惯性基准轨道不平顺测量装置、光点轨距测量装置和多功能振动测量装置等。检测项目有轨道的高低、水平、三角坑、方向、轨距、行车速度、曲线超高、曲率以及高低方向等轨道不平顺的变化率、曲线通过的均衡速度等，为更全面地评价轨道的状态提供依据。如图 4.4 所示为轨检车的轨道检测装置。

轨检车载数据处理系统能对测试结果进行实时处理。由各检测装置测得的模拟信号通过模数转换器转化为数字信号，输入计算机进行分析和处理。处理结果打印成图表，给出某段线路上各检测项目的平均值、标准值、各级超限峰值及最大超限值、累计超限罚分值等。同时，模拟信号还被记录在波形记录仪或模拟磁带机上，供进一步分析和处理用。

在高速轨检车上，激光、数字滤波及图像处理技术得到广泛应用，以计算机为数据处理主体，对轨检信号进行模拟与数字混合处理，确保检测结果不受轨检车运行速度和运行方向的影响。

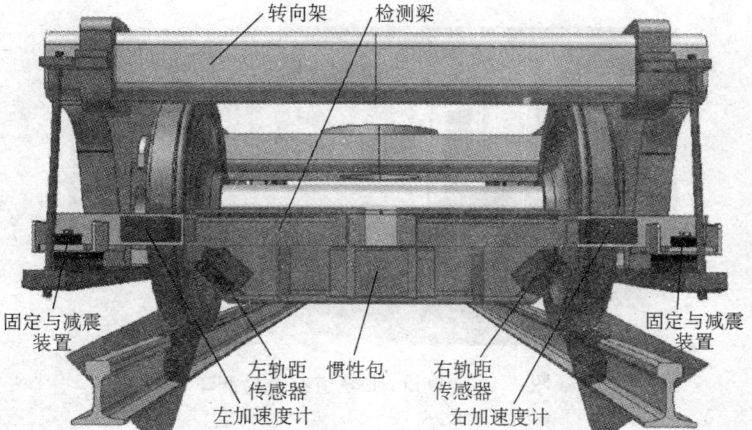

图 4.4　轨检车的轨道检测装置

(2)现场实际运用的主要轨道检测车

①美国 Ensco 和 ImageMap 公司轨检车

美国 Ensco 公司研制了技术先进的 T10 型轨检车，采用惯性基准测量原理和非接触式测量方法，应用光电、伺服、数字滤波、局域网技术，检测速度可达 192 km/h。

ImageMap 公司研制的 Laserail 轨道测量系统采用激光摄像、高速图像处理技术取代了光电伺服技术和惯性基准原理、非接触式测量方法，可测量轨距、左右轨向、左右高低、超高、水平、三角坑、曲率、钢轨顶磨和侧磨等，检测速度可达 300 km/h。

②奥地利 Plasser 公司 EM-250 型轨检车

奥地利 EM250 型轨检车检测速度为 250 km/h，其主要技术特点是采用惯性基准原理、光电转换技术和多处理技术等，除了测量轨道几何参数和车辆振动参数外，还能测量钢轨断面、轮轨作用力并记录环境图像。

③德国 OMWE 和 RAILAB 轨检车

德国 OMWE 轨检车和 RAILAB 轨检车的技术特点是在车下建立测量框架，在车内安装与框架相连的三轴稳定性平台，采用三个陀螺和三个伺服加速度计组成了惯性导航系统，为轨道几何参数的测量构建了惯性平台，结合安装在测量框架上的光电传感器，测量相对平台的位移量，经计算机处理合成即可得出轨道的高低、水平、轨向值。检测速度可达 300 km/h。

④我国的轨检车

中国铁路现役轨检车按检测系统类型划分为四类：GJ-3 型、GJ-4 型、GJ-4G 型和 GJ-5 型；

按车辆速度等级划分为:120 km/h 等级、140 km/h 等级和 160 km/h 等级。

我国研制的新型的轨道综合检测车(200 km/h 等级)如图 4.5 所示,不仅具有 GJ-5 的功能,还可以检测供电接触网、信号检测、列车运行动力学指标等。

图 4.5　200 km/h 轨道综合检测车

大型轨检车中采用了以陀螺仪为核心的惯性式测量系统。该系统测量精度高、响应快,能够很好地满足测量系统的需要。然而,由于大型轨检车价格昂贵、开发难度大、运营费用高、操作困难、体积大、使用效率不高,在很大程度上限制了大型轨检车的适用范围。

2. 综合检测车

高速综合检测列车是高速铁路系统的综合调试及验收、基础设施检测、指导养护维修、保障行车安全的重要技术装备。国外高速铁路发达国家,为了满足高速铁路安全运营需要,均采用高速综合检测列车对基础设施进行综合检测。日本先后研制了"East-i"等高速综合检测车,法国研制的"IRIS320",最高时速可达 320 km,意大利的最高检测时速 220 km 的检测车被命名"阿基米德"。为了提速和高速线路上检测的需要,我国也于 2008 年研制出了综合检测车,并将进一步研制时速 380 km 的高速检测车。

(1)日本 East-i 综合检测列车

East-i 由 6 辆检测车组成(如图 4.6 所示),可以检测轨道几何参数、接触网、通信信号、轮轨作用力、环境噪声等,最高检测速度可达 275 km/h。East-i 综合检测列车采用了与实际运行车辆相同的两个二轴拖动转向架结构,可在一次运行过程中实现对线路的综合检测功能,各检测单元有各自独立的数据显示、记录、转储和地面分析、处理、维护管理决策等系统,全系统仅有位置、时间和速度是统一的。不同于世界绝大多数国家轨检车普

图 4.6　日本新干线 East-i 轨网综合检测车

遍采用惯性基准法，其轨道检测方法为弦测法，并针对于弦测法传递函数收敛性差的缺陷，采用了相应的修正方法。由于弦测法不能全部真实反映轨道状况，在复原及逆滤波处理时仅能换算到 40 m 波长的测值。相对来说，惯性基准法受速度影响较大，在高速时更具优势。

(2)意大利"阿基米德"号综合检测列车

"阿基米德"号综合检测车又被称为 Roger2000，检测时速可达 220 km。检测项目包括轨道几何参数、钢轨断面、钢轨波浪磨耗、接触网及受流状态、通信和信号、车体和轴箱加速度、轮轨作用力等。按照检测的不同部件，车上分别装有 24 个激光器、43 个光学摄像传感器、47 个加速度计以及大量的强度、速度、定位、温度传感器和用于航空电子领域的惯性平台。根据数据处理的需要车上有 57 台计算机，各子系统有独立的存储数据库，每秒钟可处理 30G 数据，在速度、时间、空间上保持同步，所有子系统的检测数据集成到车载中央数据库，由中央数据库将数据通过无线网络传输到地面的 RFI 数据处理中心进行综合分析、比较，进而制定科学的维修保养计划，指导养护维修。其轨道检测在较低速度时采用弦测法，在较高速度时采用惯性基准法，较好地发挥了两种测量原理的优势。

(3)法国 MGV 综合检测列车

MGV 是专为法国高速铁路研制的综合检测列车。该列车的主要特点是集成以上各系统，并实现检测速度达到 320 km/h，这样在正常运营(发车间隔 3～4 min)的情况下就可以对线路设备进行检测，轨道几何的检测实现无接触化。在 MGV 检测列车中采用采用法国既有成熟的动力集中式 TGV 动车组，8 节车辆的编组。

Coach 1 用于测量车体、轴箱等加速度，测量钢轨断面并进一步计算轨道的几何形位。

Coach 2 用于接触网检测，受电弓接收到的电流、弓网的动力学参数以及磨耗情况。

Coach 3 用于信号检测，信号的传播、信号传播的速度、同轨道的固定接触。

Coach 4 其他杂项，如列车与轨道的通话、GSM、列车定位、列车速度、风力等。

检测项目比较齐全，几乎包括了接触网及受流状态、通信信号、轨道几何、钢轨断面、钢轨表面、线路环境数字图像、扣件、轨枕、道碴等各项基础设施和运行状态。

(4)我国高速综合检测车

2008 年 7 月，我国成功研制出首列时速 250 km 的基于 CRH5 型动车组技术平台的高速综合检测列车，由 5 节动车和 3 节拖车组成，命名为 0 号高速综合检测列车(如图 4.7 所示)。车厢内是装备各种高科技监测和分析仪器的工作间，集办公、检测、生活等诸多功能于一体，大大提高铁路维修养护的效率，已在既有提速线路执行检测任务，具备

图 4.7 0 号高速综合检测列车

升级到时速 300 km 的能力。

0 号检测车具有对线路轨道、牵引供电、通信信号等基础设施，轮轨和弓网接触状态及列车舒适性指标等进行高速动态时空同步检测的功能，并可以进行实时数据传输、存储和分析处理。实现了现代测量、时空定位同步、大容量数据交换、实时图像识别和数据综合处理等先进技术。0 号高速综合检测车具体工作参数见表 4.3。

表 4.3　0 号高速综合检测列车工作参数

指　标	参　数	指　标	参　数
最高运营速度	250 km/h	车体宽度	3 200 mm
平均起动加速度(0→40 km/h)	0.6 m/s^2	车辆高度	4 270 mm
受流方式	AC 25 kV,50 Hz	齿轮传动比	2.5
最大牵引功率	5 500 kW	地板高度	1 270 mm
初速度 200 km/h 紧急制动距离	1 835 m	定　员	130人
列车总长度	211.5 m	轴　重	最大静轴重≤17 t

据我国高速铁路建设进程，将进一步研制时速 400 km 以上综合检测列车，系统框图如图 4.8 所示。主要包括以下几个方面高精度、高可靠性的检测功能：

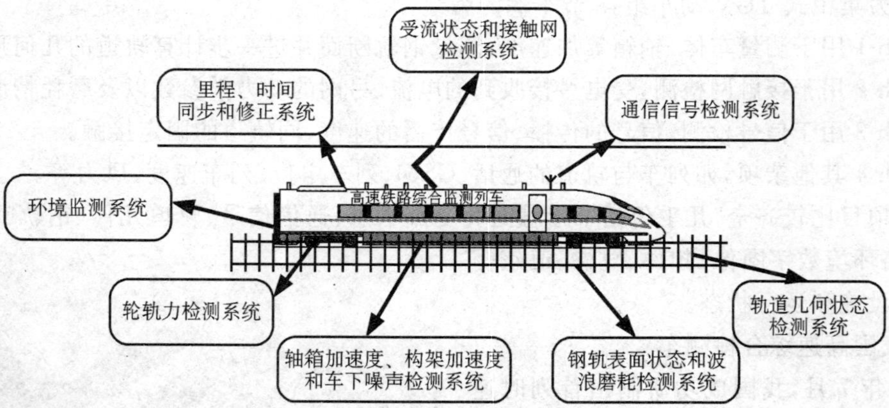

图 4.8　综合监测列车系统框图

①轨道几何参数、接触网及受流状态、通信信号、轮轨作用力、钢轨波浪磨耗、钢轨表面状态、轴箱、构架和车体加速度及车下噪声等检测功能。

②具有高精度定位系统和授时系统，协助检测人员对检测项目进行实时的定位和分析，能够实现综合检测列车各子系统间的位置与时间同步，并实现自动修正。

③综合检测列车具有高速铁路全线的环境监测功能。

4.2 高速铁路安全信息融合

高速列车安全信息是由相关监控系统从不同方位采用不同的检测设备对被监控对象或系统的安全指标参数进行测试，获得的数据和信息常常是不同结构的，包括数值、脉冲等类型，对这些异构信息进行融合处理，以便从不同的角度对监控对象的状态有全面的了解。

4.2.1 信息融合的基本原理

1. 信息融合定义与原理

(1)信息融合定义

信息融合又称数据融合，是对多种信息的获取、表示及其内在联系进行综合处理和优化的技术，是多传感器的数据在一定准则下加以自动分析、综合以完成所需的决策和评估而进行的信息处理过程，是将经过集成处理的多传感器信息进行合成，形成一种对外部环境或被测对象某一特征的表达方式。

(2)信息融合的基本原理

多传感器信息融合实际上是对人脑综合处理复杂问题的一种功能模拟。在多传感器系统中，各种传感器提供的信息可能具有不同的特征：时变的或时不变的、实时的或非实时的、模糊的或确定的、精确的或不完整的、相互支持互补的或相互矛盾冲突的等等。

多传感器信息融合的基本原理就像人脑综合处理信号的过程一样，充分利用多个传感器资源，通过对其观测信息的合理支配与使用，将各种传感器在空间和时间上的互补与冗余信息依据某种优化准则组合起来，以产生对观测环境的一致性描述。其目标是基于各传感器分离观测信息，通过对信息的优化组合得到更有效的信息，利用多个传感器共同或联合操作的优势来提高整个传感器系统的有效性。

2. 信息融合的方式

信息融合的主要目的是结合或融合来自多传感器或多数据源的信息给出一个解决方案或者全面描述一个对象。根据传感器种类、处理单元和处理信息细节不同，信息融合可以分为互补信息融合、相关信息融合和协同信息融合。

(1)互补信息融合

当两个或多个独立的传感器所提供的信息缘合起来可以给出关于环境的更全面的描述，而且各信息源提供的信息之间又不相互重复时，由这类传感器提供的信息来获得特征表达的一种处理方式。这类融合方式通常主要涉及在硬件这一级上，如将量程为 0～10 kg 和量程为 10～20 kg 的传感器组合起来，将图像摄像机和侧距传感器组合起来，以获得关于环境特征的图形和距离的多维信息。

(2)相关信息融合

当两个或多个独立的传感器所提供的是关于环境的相同信息时，根据这些信息形成一种统一描述的信息处理过程。在处理中对这类传感器信息的综合是获得明确信息的有效方法，如加权分析和信号滤波，可以提高传感器信息的精度和决策的可靠性。

(3)协同信息融合

当一种传感器的信息必须依赖于另一传感器信息，或一种传感器信息必须与另一传感器相互配合工作才能获得环境信息时，这类传感器间的信息，或将它们所获得的信息和系统内部模型综合形成新的感知表达的过程，如采用双摄像机匹配融合，可用于物体识别和空间识别。

4.2.2 信息集成与融合的常用方法

在高速铁路安全监控方面，信息融合需要结合监控对象的种类和特征，建立直观认识原理(即融合准则)，并在此基础上形成所谓的最佳融合方案。信息融合作为对多源信息的综合处理过程，是许多传统学科和新技术的集成和应用，包括通信、模式识别、决策论、不确定性理论、信号处理、估计技术、最优化技术、计算机科学、人工智能和神经网络等。常用的信息融合方法包括嵌入约束法、证据组合法、人工神经网络法等。

1. 嵌入约束法

由多种传感器所获得被测对象的多组数据就是客观环境按照某种映射关系形成的像，而所有传感器的全部信息，只能描述被测对象的某些方面的特征，要使一组数据对应唯一的被测对象，必须对映射的原像和映射本身加约束条件。嵌入约束法最基本的方法有 Bayes 估计和卡尔曼滤波。下面简单介绍一下 Bayes 估计方法。

Bayes 估计是融合静态环境中多传感器低层数据的一种常用方法。假定完成任务所需的有关环境的特征物用向量 f 表示，通过传感器获得的数据信息用向量 d 来表示，d 和 f 都可看作是随机向量。信息融合的任务就是由数据 d 推导和估计环境 f。假设 $p(f,d)$为随机向量 f 和 d 的联合概率分布密度函数，则

$$p(f,d)=p(f|d)\cdot p(d)=p(f|d)\cdot p(f) \tag{4.3}$$

式中 $p(f|d)$——在已知 d 的条件下，f 关于 d 的条件概率密度函数；

$p(d|f)$——在已知 f 的条件下，d 关于 f 的条件概率密度函数；

$p(d)$和 $p(f)$——d 和 f 的边缘分布密度函数。

已知 d 时，要推断 f，只需掌握 $p(f|d)$即可，即

$$p(f|d)=p(d|f)\cdot p(f)/p(d) \tag{4.4}$$

其信息描述为概率分布，适用于具有可加高斯噪声的不确定性信息。

2. 证据组合法

证据组合法是对完成某一任务的需要而处理多种传感器的数据信息，完成某项智能任务，实际是做出某项行动决策。它先对单个传感器数据信息每种可能决策的支持程度给出度量(即数据信息作为证据对决策的支持程度)，再寻找一种证据组合方法或规则，在已知两个不同

传感器数据(即证据)对决策的分别支持程度时,通过反复运用组合规则,最终得出全体数据信息的联合体对某决策总的支持程度。得到最大证据支持决策,即信息融合的结果。

常用证据组合方法主要有概率统计方法和 Dempster-Shafer 证据推理。下面简单介绍概率统计方法。

假设一组随机向量 $x_1, x_2, \cdots, x_n$ 分别表示 n 个不同传感器得到的数据信息,根据每一个数据 x_i 可对所完成的任务做出一决策 d_i。x_i 的概率分布为 $pa_i(x_i)$,a_i 为该分布函数中的未知参数,若参数已知时,则 x_i 的概率分布就完全确定了。用非负函数 $L(a_i, d_i)$表示当分布参数确定为 a_i 时,第 i 个信息源采取决策 d_j 时所造成的损失函数。先由 x_i 做出 a_i 的一个估计,记为 $a_i(x_i)$,再由损失函数 $L[a_i(x_i), d_i]$决定出损失最小的决策。其中利用 x_i 估计 a_i 的估计量 $a_i(x_i)$有很多种方法。

概率统计方法适用于分布式传感器目标识别和跟踪信息融合问题。

3. 人工神经网络法

神经网络根据当前系统所接收到的样本的相似性,确定分类标准。这种确定方法主要表现在网络权值分布上,同时可采用神经网络特定的学习算法来获取知识,得到不确定性推理机制。神经网络多传感器信息融合的实现,分三个重要步骤:

(1)根据智能系统要求及传感器信息融合的形式,选择其拓扑结构。

(2)各传感器的输入信息综合处理为一总体输入函数,并将此函数映射定义为相关单元的映射函数,通过神经网络与环境的交互作用把环境的统计规律反映网络本身结构。

(3)对传感器输出信息进行学习、理解,确定权值的分配,完成知识获取信息融合,进而对输入模式做出解释,将输入数据向量转换成高层逻辑(符号)概念。

4.2.3 信息融合在高速铁路运营安全监控的应用

应用信息融合对高速铁路安全监控信息进行处理,可以全面了解监测对象的状态,下面简单介绍轮对和车轮踏面状态的信息融合。

1. 列车轮对状态信息融合

轮对的监测信息的参数可能涉及到轮对转速、振动冲击、温度与噪声等,而高速列车的部件运行环境存在许多不确定的因素,用单参数进行状态监测与故障诊断具有固有的不确定性,可能会产生一定误差,造成误判,有时甚至导致错误的诊断结果。应用信息集成与融合的手段,将从不同角度探测到的部件相关参数进行处理,应用相关的检测信息对异常信息进行校正,以便监测系统能够正确的诊断以及保障系统的稳定性和有效性。

设由任两个不同的传感器 i、j 对某一轮对进行状态监测,对于不同传感器都由其不同的加权使总均方误差最小,对于各传感器所得到的测量值,以自适应的方式寻求最优加权因子,使融合后的估计值 $\hat{X}$ 最接近真值。传感器所得到的测量值以自适应的方式寻找其对应的权数,使融合后的 $\hat{X}$ 达到最优。传感器测量值分别为 X_i 和 X_j,对应的测量误差分别为

$$X_i = X + V_i \tag{4.5}$$

$$X_j = X + V_j \tag{4.6}$$

其中 V_i、V_j 为零均平稳噪声，X 为真值。

传感器 i 的方差为

$$\sigma_i^2 = E(V_i^2) \tag{4.7}$$

V_i 和 V_j 互不相关，且均值为 0，与 X 也不相关，经推理可得它们的共协方差函数 R_{ij} 满足

$$R_{ij} = \frac{1}{n-1} \sum_{i=1,j=1,i\neq j}^{n} [R_{ij}(k)] \tag{4.8}$$

依据各个传感器的测量值可求出 R_{ii} 和 R_{ij} 的时域估计值，从而可估计出各传感器的方差 σ_i^2。

2. 列车踏面状态监测信息融合

在列车运行过程中，车轮踏面常因异常制动等原因造成车轮踏面的磨耗或剥离，造成车轮扁疤或平轮。在列车运行时车轮踏面伤损能引起轮轨间产生周期性的冲击和振动，引起整个动车组和轨道系统产生耦合振动，给轮轨系统（如车轮、钢轨等）带来损害，进而可能造成切轴，导致列车脱轨事故的发生。

由于走行部状态检测环境恶劣，需要根据走行部不同部位的故障特征，应用现代数字信号处理技术等数学方法分析判断车轮扁疤和轴温异常的发生位置致故障的严重程度，实现高速列车走行部状态的实时检测、实时分析和预报。

采用传感器采集车轮状态信息中包括所有的车轮状态信息，会对车轮状态的判别产生干扰，直接应用这些信号进行能量判别将产生较大的误差。利用小波变换的信号时间-尺度分析（时间-频率分析）的方法，既能获得信号的细节又能获得信号的趋势，准确地判定车轮扁疤对钢轨的冲击能量基本上落在 0～1 250 Hz 的频段上。基于此可以选定一个 0～2 k 的低通数字滤波器，将可能的扁疤引起的振动信号保留下来，以便应用其他的主要数学算法。

4.3 高速铁路运营综合监控技术

依据高速列车状态信息的内部关联性，以信息化技术为手段，建设从列车网络控制到综合监控不同层次的系统，从而满足视频监控、综合监控、调度、列车运行控制的需要。本节对高速铁路综合视频监控系统、运营综合监控、高速列车运行控制技术和高速列车控制网络系统相关技术作简要介绍。

4.3.1 高速铁路综合视频监控系统

铁路系统作为国家重要的运输部门，其日常的稳定运行决定了国民生产、生活的正常运转，加之铁路系统部门众多、地点分散、现场环境复杂，成为日常维护工作的主要障碍。在铁路

系统内部推行视频监控系统,可以实现对全部监控现场或者当地的道口,车站和铁路沿线环境的监控,大大减轻日常人员巡视的工作量,便于及时发现危险隐患,保障安全生产。

国内铁路视频监控系统的应用起步晚,但发展速度比较快,目前已经有很多系统正在运行中,如济南西站货场、编组场数字视频监控系统、青岛站编组场电视监控系统、大石桥站客运电视监控系统、株洲站视频监控系统等等。我国已有铁路综合视频监控系统的主要功能有:

(1)支持分级管理和多用户同时观看,为多业务部门监视终端提供监视图像。

(2)可对监视区域的图像进行远程控制和智能处理。

(3)支持自动轮巡监视和人工监视模式。

(4)可对监视图像以 MPEG-4 或 H.264 格式进行传送和存储,图像具备 4CIF(704×576)和 CIF(352×288)以上的分辨率,移动采集点图像可根据需要设定。

(5)能够对所存储的监视图像进行检索和回放。

(6)具有抓拍功能。

(7)具有视频分析功能并对异常状态报警提示。

(8)统一分配 IP 地址和设备编号,在视频接入点、路局视频节点具有对辖区内网络资源和协调设备的管理功能,集中实现对系统设备的参数配置和状态监控。

(9)能够对接入网络的用户进行身份和权限识别,保证信息安全。

(10)具有与其他信息系统或监控系统互联,实现告警与视频联动功能。

(11)与列车调度指挥系统(TDCS)和调度集中系统(CTC)互联,将图像信息与相关车次号信息匹配。

(12)与货运安全监控系统互联,实现超限、超偏载等报警联动。

(13)与防灾安全监控、通信信号电源与环境监测、牵引供电和电力 SCADA、客运服务、应急通信等系统互连,实现视频资源共享和报警联动。

4.3.2 铁路综合视频监控系统互联互通平台

随着铁路的快速发展,视频监控技术已经在铁路运输指挥、生产作业、公安保卫等领域广泛运用,并逐渐成为铁路安全生产、提高效率、强化管理的重要技术支撑。特别是铁路快速客运网络、煤运通道、西部铁路的建设不断推进,既有铁路技术改造的加快,视频监控的重要性、广泛性以及共享性也得到进一步的强化。铁路视频监控系统由各个业务部门分别进行建设,在建设标准、技术体制、运用质量等方面都存在着差异,无法实现图像资源的有效共享,不能充分发挥综合视频监控的全面优势。

为了铁路综合视频监控系统规范建设和可持续发展的需要,满足既有视频系统间的视频共享,设计并实现了铁路综合视频监控系统(简称"视频系统")互联互通平台,达到异构视频系统的互联和视频共享的目的。

铁路综合视频监控系统由视频核心节点、视频区域节点和视频接入节点三类视频节点组成。视频系统互联互通平台通过对所辖范围的用户和设备进行统一协调管理，提供用户跨区域访问的认证、鉴权，实现视频访问信令的多级交换和视频数据的跨域转发，完成异构视频系统之间互联和视频共享。

视频系统互联互通平台的功能模块包括：认证授权单元(AA)、接入网关单元(AGU)、目录服务单元(DSU)、信令控制单元(SCU)、数据分发单元(DDU)和视频系统代理(SA)，其组成如图 4.9 所示。

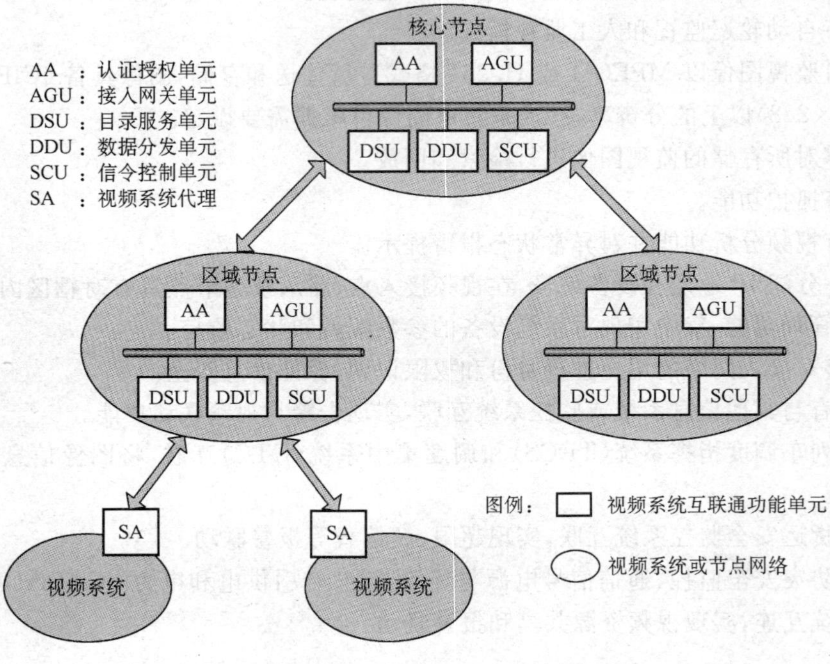

图 4.9　视频系统互联互通功能单元组成

视频系统互联互通功能是通过区域节点中的 AA、AGU、DSU、DDU 和 SCU 五个功能单元来完成。AA、SCU 和 DDU 交互完成不同视频系统中视频资源访问中的信令和数据交换，通过 AA 和 AGU 来完成系统的管理、维护、注册、认证和鉴权等工作。

4.3.3　视频智能分析技术

1. 视频智能分析技术概述

视频智能分析技术主要是指自动地提取视频源中的关键(特征)信息并进行智能化分析，并通过设置一定的条件和规则对其判定。如果把前端设备(如摄像机)看作是人的眼睛，则视频智能分析技术可以看作人的大脑，智能分析技术借助 CPU 强大的数据处理能力，对视频画面中的海量数据进行高速分析，为使用者提供有价值的关键信息。

视频智能分析的处理方法主要是对场景中人的运动进行分析，其过程一般包含运动检测、目标跟踪、行为识别和理解几个方面。其中运动检测、目标跟踪等底层处理环节在过去几年中得到了快速发展，并且得到了实用。行为识别作为人的运动分析的高层处理部分，是极具挑战性的一个研究方向，也是当前学术研究的热点。

2. 智能视频监控的发展现状

视频监控具有广泛的应用前景和潜在的经济价值，它已经引起了国内外研究者的广泛关注。尤其是在美国、英国等国家已经开展了大量的项目研究。1997 年美国国防高级研究项目署设立了以卡内基梅隆大学(CMU)为首、麻省理工学院(MIT)等众多高校参与的视觉监控重大项目 VSAM，主要用于战场及普通民用场景进行监控的自动视频理解技术；实时视觉监控系统 W4 不仅能够定位人和分割出人的身体部分，而且通过建立外观模型来实现多人的跟踪，并可以检测人是否携带物体等简单行为；MIT 开发的 Pfinder 系统可以对单个人进行较为准确的跟踪；英国的雷丁大学已开展了对车辆和行人的跟踪及其交互作用识别的相关研究。美国 9.11 恐怖事件以后，对视频智能监控领域的研究得到了更多的关注，一些公司也开展了相关的研究。譬如 ObjectVideo、NICE、IBM、Microsoft、GE 和 UTRC 等公司，已经推出了针对特定场合的智能监控的产品。这些视频智能技术产品主要应用于对安全性要求高和高风险的场合，如国境线、码头、炼油厂、化工厂、核电站以及水的净化处理等。ObjectVideo 的产品基于计算机视觉技术，能够提供检测、分类、跟踪以及分析的行为。NICE 主要的产品主要包括对飞机场或其他交通场所的遗落行李的检测，安全区域的车辆行人检测，人流统计等。GE 公司的 VideoIQ 产品主要实现多种场景下的人的检测，可针对大范围的户外场景的人的检测跟踪，同时对于进入特定区域的人进行报警。

法国 CitiLog 公司的视频事件自动检测系统产品主要应用于智能交通领域。Citilog 的核心技术是动态图像背景自适应技术和车辆图像跟踪技术，彻底消除了光线、雨雪、灰尘对系统的影响，可以及时检测监控区域内发生的交通事件，采集交通数据，辅助进行交通控制等。

4.3.4 高速铁路综合监控系统

日本、法国和德国等较早建设和运营高速铁路的国家，都为保障高速列车安全运行部署了高速铁路综合监控系统。我国也在进行高速铁路运营综合调度系统的建设，下面介绍日本的 COSMOS 系统和我国的高速铁路运营调度系统。

1. 日本新干线 COSMOS 系统

(1)COSMOS 系统简介

日本新干线综合运输管理系统(COmputerized Safety Maintenance and Operation system of Sinkansen，COSMOS)是以自主分散运行管理系统为中心，运输计划、运行管理、车站作业管理、维修作业管理、车辆管理、设备管理、信息集中管理和电力系统控制等各个子系统间信息共享的系统，实现了综合调度、监控和综合维护管理，其系统结构如图 4.10 所示。其中设备调

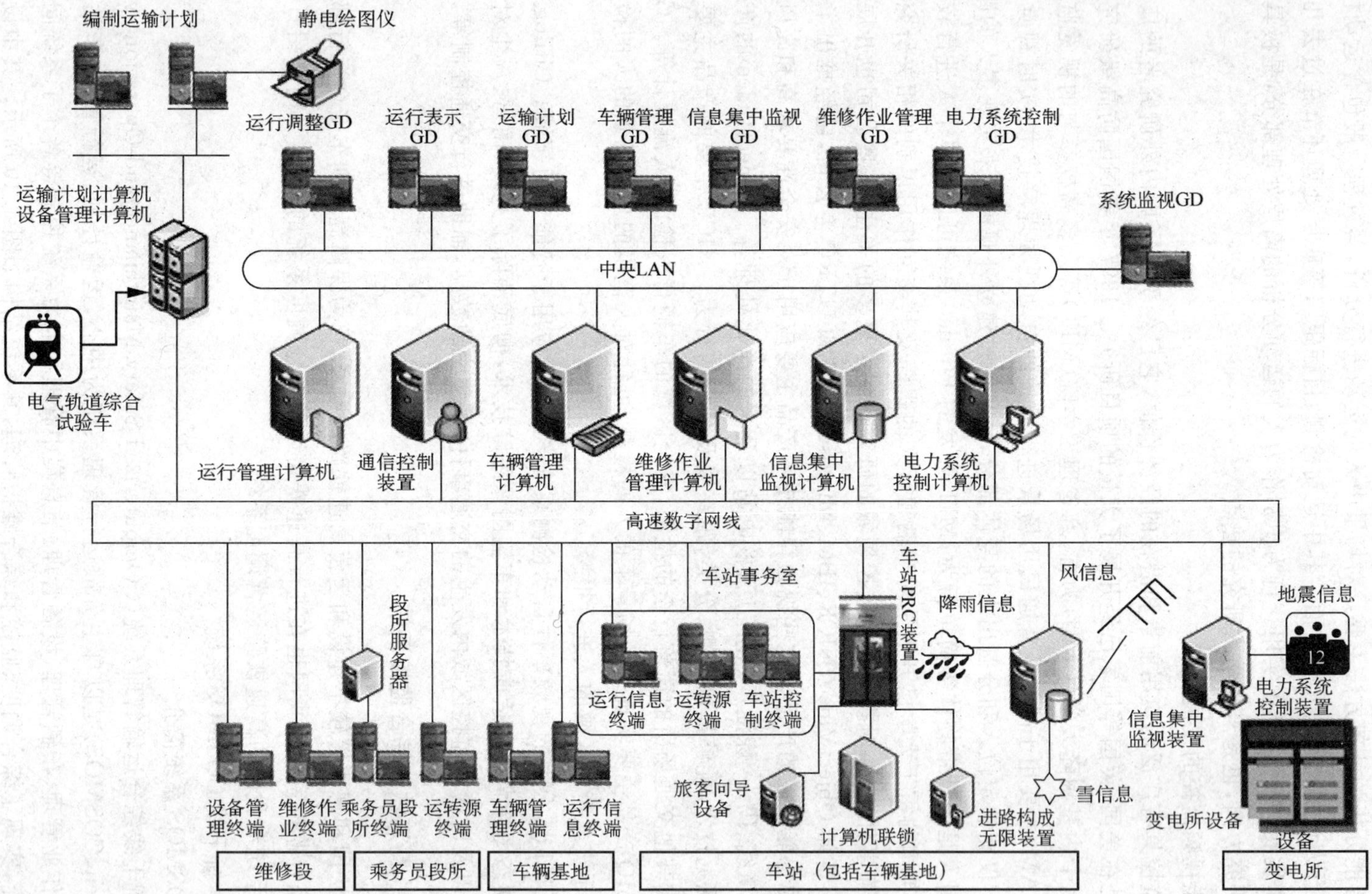

图 4.10　新干线 COSMOS 系统结构示意图

度负责线路的管理和维修保养，收集沿线气象、地震等信息，指挥灾害后的运营系统修复与救援工作。

(2)COSMOS系统技术特色

COSMOS系统冲破功能单一、控制分散、通信信号相对独立的传统技术理念，应用通信和信号一体化技术实现高速列车运营综合监控的数字化、智能化和网络化，实现车站、区间和列车控制的一体化，使系统达到很高的自动化水平。另外，系统成功地应用了安全光纤局域网，使之成为联锁系统、列车运行控制系统的安全传输通道。依托与通信技术的技术标准相一致的网络技术，达到通信技术与信号安全技术的深度结合，实现了通信信号一体化。

2.我国高速铁路运营综合调度系统

铁道部于2008年规划的《铁路客运专线运营调度系统总体技术方案》涵盖了运行管理、供电管理、防灾减灾等系统，并将相关的功能集成在一起，实现高速铁路运营各个系统的综合监控，系统结构如图4.11所示，实时掌握各个业务系统的工作状态，为相关部门提供决策支持，保障运营任务的顺利进行。

(1)行车监控相关的主要功能

①以多种方式实时显示列车运行情况、联锁和列控系统等信息。

②实时监视牵引供电和供电系统各变电所、配电所、分区所、开闭站等设备的运行和带电状态、系统运行参数，并提供异常运行状态报警功能。

③监测列车运行环境中风、雪、雨、地震等主要灾害和落物造成的隐患，对实时采集的监测数据进行分析和处理，判定灾害的等级和性质，自动报警并给出处理建议。

④对全线设备设施状态进行监视，接收通信信号设备、信息设备和基础设施监测系统的预警和报警信息，提供应急处置预案。

(2)高速铁路运营调度系统涉及的关键技术

建设高速铁路运营调度系统涉及到自动控制理论、信息学、计算机科学、通信学、系统学及运筹学等不同领域的方法和技术。

①智能化调度的系统集成策略与方法。系统集成策略与方法为高速铁路智能化调度系统内部各子系统之间、内部与外部之间的互联和相互操作提供运行机制。

②智能化调度系统的信息融合与分析处理技术。应用安全信息融合技术，综合考虑计算复杂程度，需要构建满足任务要求的数据处理模型，以解决高速铁路安全相关要素的不确定性因素的表达和推理演算。

(3)智能化调度系统的时空一体化数据集成及其数据挖掘技术

由于高速铁路安全相关信息资源是异域、异构、自治性分布和海量的，同时具有时空特征、属性特征及动态特性，需要应用到数据集成、融合和挖掘的理论与方法，以全面解决具有多语义性、多层次性、多时空性、多尺度性的海量、异域、异构数据间的融合、集成和知识发现，为管理人员提供决策支持。

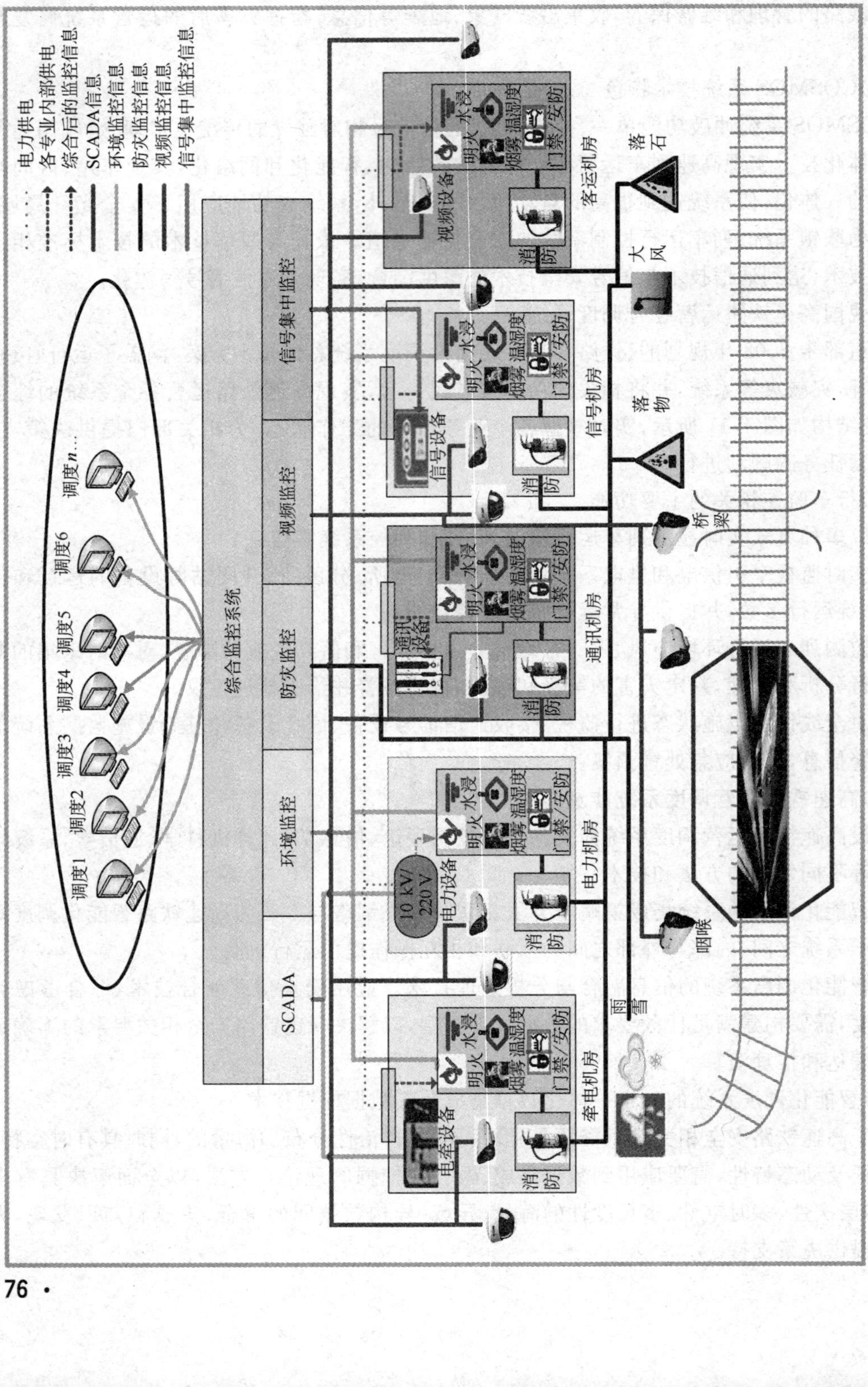

图 4.11 高速铁路综合监控系统结构示意图

(4)智能化调度系统的地理信息与定位服务技术

应用到铁路地理信息的组织存储技术、空间定位参照技术、与业务信息结合的四维时空信息处理技术等，为各调度功能子系统提供统一的空间定位基础和服务平台。

4.3.5 高速列车运行控制技术

高速列车运行控制技术主要是监控列车在运行时是否超过线路结构规定的速度、列车构造速度和非正常运行条件下的限速及紧急限速，控制列车不要进入危险区域。日本、法国、德国等国家的高速铁路分别采用了不同的技术，形成不同技术体系的列车运行控制系统。

1.实时操作系统开发平台技术

实时操作系统(Real Time Operation System，RTOS)是嵌入式系统的软件开发平台，其基本功能包括任务管理、定时器管理、存储器管理、资源管理、事件管理、系统管理、消息管理、队列管理、旗语管理等，最关键的部分是实时多任务内核。高速铁路列车运行控制系统中引入RTOS，可以有效地解决系统的安全性和嵌入式软件开发标准化的难题。基于RTOS开发出的程序，具有较高的可移植性，可实现90%以上设备独立，从而有利于系统故障—安全的实现。实时操作系统可以满足如下性能或特性：

(1)提高系统的安全性

实时操作系统可以通过驱动程序与底层硬件相结合，而上层应用程序通过API和库函数与实时操作系统相结合。完成系统多任务调度和中断的执行，系统安全模块和非安全模块有效地隔离，很好地解决硬件冗余模块的同步问题。

(2)满足系统实时性的要求

列车运行控制系统要求的是硬实时响应，实施操作系统平台对系统实时性指标的提高有很大帮助。

(3)可移植性、可维护性强等优势

系统升级只需改动少量程序，升级能力强的优点。

2.数字信号处理新技术

与分立元器件和模拟信号处理技术相比较，数字信号处理技术具有更高的可靠性和实时性。在高速铁路列车控制系统的信号处理中引入了小波信号处理、现代谱分析等技术可以更好的保证系统的可靠性和实时性。目前，我国的轨道电路的信号发送、接收以及机车信号的接收普通采用了数字信号处理技术，法国UM2000数字编码轨道电路也都采用了数字信号处理技术。

3.计算机网络技术

应用计算机网络技术可以实现列车运行控制系统信息化，列车运行控制的集中和智能管理。

首先，现代铁路信号系统不是各种信号设备的简单组合，而是功能完善、层次分明的控制系统。系统内部各功能单元之间独立工作，同时又互相联系，交换信息，构成复杂的网络化结构。计算机网络技术使指挥者能够全面了解辖区内的各种情况，灵活配置系统资源，保证铁路系统的安全、高效运行。

其次，现代铁路信号系统采用许多先进的通信技术（如光纤通信、无线通信、卫星通信与定位技术），计算机网络为上述技术提供信息化载体，以信息化带动铁路产业现代化。全面、准确获得线路上的信息是高速列车安全运行的保证。

再次，借助计算机网络技术实现列车运行控制的智能化，包括系统的智能化与控制设备的智能化。系统智能化是指上层管理部门根据铁路系统的实际情况，借助先进的计算机技术来合理规划列车的运行，使整个铁路系统达到最优化；控制设备的智能化则是指采用智能化的执行机构，来准确、快速地获得指挥者所需的信息，并根据指令来指挥、控制列车的运行。

4. 融合通信技术与控制技术

列车运行控制系统既有的轨道电路作为信息传输媒体的列车运行控制系统已经不能适应高速列车运行控制的要求，高速列车运行控制系统综合利用3C（Computer、Communication 和 Control）技术代替轨道电路技术，基于3C技术，世界发达国家陆续研制和试验了ATCS、ASTREE、FZB等。虽然仍保留闭塞分区，不过在闭塞分区的分隔点进行了改进，应用应答器、计轴器或其他能传送无线信号装置等代替机械绝缘节和电器绝缘节，同时也实现列车与地面之间各种类型的无线双向通信，为列车运行控制的未来发展开辟了新开地。

5. 安全性与可靠性分析技术

安全评估理论的建立与推广为定量评估铁路信号系统的可靠性和安全性提供了重要手段。20世纪90年代，国际电工委员会（International Electrician Committee，IEC）将故障-安全的概念进行了量化，制定了安全相关系统的设计和评估标准IEC61508，对安全系统提出了如下要求：

（1）功能性（Functionality），包括容量和响应时间。

（2）可靠性和可维护性（Reliability and Maintainability）。

（3）安全（Safety），包括安全功能及其相关的硬件/软件安全完善度等级（SIL）。

（4）效率性（Efficiency）。

（5）可用性（Usability）。

（6）轻便性（Portability）。

以IEC61508标准为基础，欧洲制定了相关的列车运行控制系统的设计评估标准以及安全认证体系。附加列车安全控制系统的技术条件制定了一些安全相关系统开发和评估的参考标准：

（1）EN50126铁路应用：可信性、可靠性、可用性、可维护性和安全性（RAMS）规范和说明。

（2）EN50128铁路应用：铁路控制和防护系统的软件。

(3)EN50159-1 铁路应用:在封闭传输系统中的安全通信。

(4)EN50159-2 铁路应用:在开放传输系统中的安全通信。

以 IEC61508 为基础,日本铁道综合技术研究所综合了日本计算机控制的铁道信号系统的经验,制订和颁布了《列车安全控制系统的安全性技术指南》。

4.3.6 高速列车控制网络系统技术

高速列车网络控制系统(如图 4.12 所示)可实现列车牵引、制动、供电、空调、门控、转向架等子系统和设备的实时监视和控制,并能自动识别列车编组,支持列车实时诊断技术,实现车地间的数据交换,结合地面专家系统能对车载设备应用情况进行统计分析,提高维护作业效率。

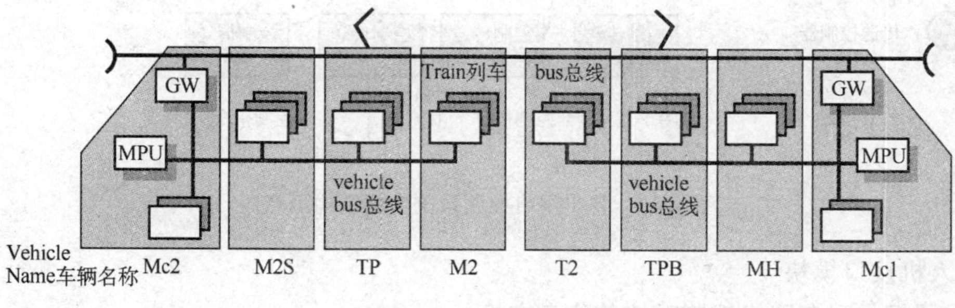

图 4.12 列车网络控制系统示意图

1. 高速列车网络控制系统简介

高速列车在高速运行过程中,通过实时监控用电参数、机械参数以及其他与列车安全紧密相关的运行参数,来监测列车的状态。CRH3 网络控制系统功能结构如图 4.13 所示,可实现以下主要控制功能:

(1)各动力车的重联控制。

(2)全列车所有由计算机控制的单元联网通信和资源共享。

(3)全列车的制动控制、门控制、空调控制及轴温检测等功能。

(4)完成全列车的自检及故障诊断决策。

列车网络控制系统通过网络把命令传送到各节车厢,从而实现对全车的控制。各种控制命令都可通过网络传送到各车的各个设备,执行的结果通过网络返回司机。功能模块主要包括:

(1)信号接收模块

运行控制系统的基础模块,负责接收车载系统所需的地面信息。

(2)测速测距模块

负责消除空转、打滑、蛇行等情况的影响,测量列车的速度及走行距离。

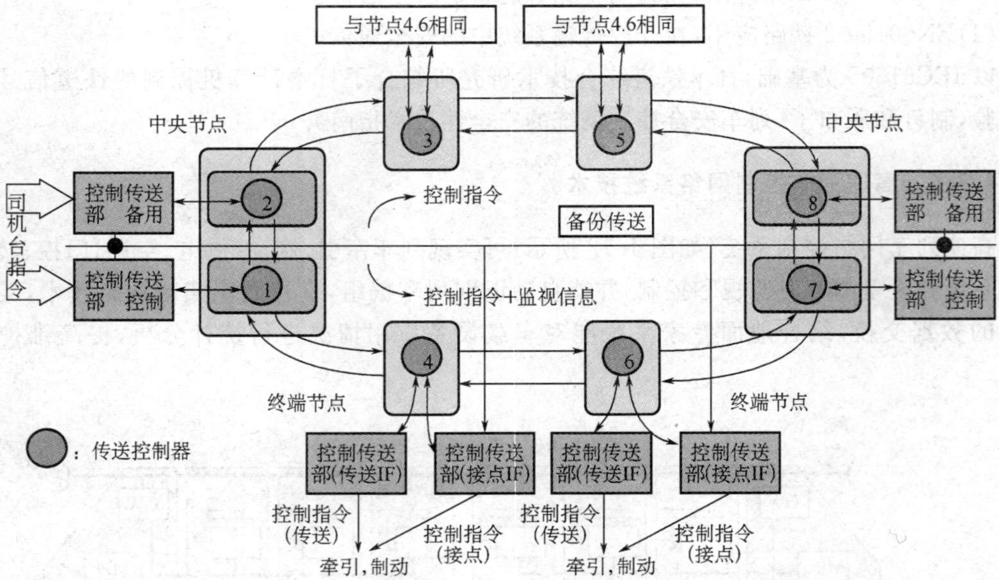

图 4.13　列车网络控制系统功能结构示意图

(3)人机接口模块

完成司机与列车网络控制系统的信息交换。

(4)双机判决模块

完成双机信息交换，异常和故障时实现双机转换。

(5)车载通信网络模块

完成列车网络控制系统与其他系统的实时信息交换。

(6)列车运行记录

完成对列车运行过程机车信号，车载设备控制命令，机车工况等数据的完整记录。

(7)机车控制系统接口

机车工况采集模块及制动控制输出。

(8)速度控制模块

实时监测列车速度，并随时与列车的允许速度相比较，对列车运行速度进行控制。

典型的高速列车网络控制产品有 Siemens 的 SIBAS-32 铁路自动化系统、Alstom 公司的 A-GATE 控制系统、日本三菱电机的 TCMS 列车控制监视系统、ADtranz 公司的 MITRAC 列车通信和控制系统。

2. 车载通信网络系统

高速列车车厢内各检测设备独立检测各参数，每个车厢内设置了一个车厢级控制主机。车载的整个网络由两级网络构成。一级网络是列车级通信网络，包括列车主控计算机及其网关、列车级总线、各个车厢的代理节点及与车厢控制主机直接相连的轴温集中转换器和陀螺仪。二级网络是车厢级总线及车厢级检测设备，检测设备包括电源检测模块，空调控制器、漏电检测、振动检测、车门控制器和绝缘检测等。系统网络框架结构图如图 4.14 所示。

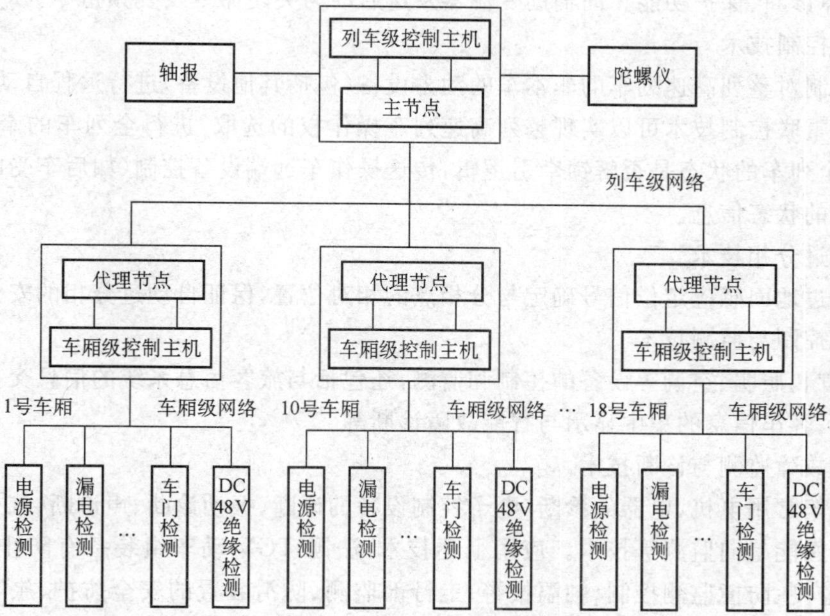

图 4.14　高速列车车载通信网络系统结构示意图

3. 列车控制网络涉及的技术

列车网络控制系统以计算机网络为核心，把控制逻辑与诊断技术、设备故障诊断技术、通信网络技术紧密结合起来。

(1)控制逻辑与诊断技术

①分布式网络控制技术

对于动力分散方式的高速列车，需要由网络传递牵引或制动控制信息，以保障各单元协调统一工作。同时将各车的工作状态传输给主控车，进行状态监测和故障诊断。

②牵引传动控制技术

牵引传动控制手段由单机个别控制向车载计算机网络发展，采用数字电路和大规模、超大规模集成电路以及微处理器、微控制器和数字信号处理器等实现牵引传动的微机控制。

③制动控制技术

高速列车制动形式包括动力制动、空气制动和非黏着制动等，各由相应的制动系统完成，各系统需协调一致工作。采用电气指令直通式电空制动控制系统，以微处理机为控制中心，当动力制动力不足时，由制动控制单元发布电气指令，产生空气制动，补充动力制动的不足。在故障时导向安全，控制中心与中央诊断系统相连接。

④辅助系统控制技术

根据辅助变流器的状态进行相应负载的配置，实现辅助设备变流器及逆变器控制、网络信息传输、故障诊断、保护功能。向辅助变流器发送启动与关闭命令及变频指令。

⑤重联控制技术

重联控制对整列高速列车的非本车的动力设备(包括其他设备)进行远程自动控制及故障监测。通过重联控制技术可以实现整列高速列车操作权的选取，进行全列车的牵引力计算与分配，判断全列车的状态是否解锁牵引逻辑，传送操作车远端设备控制(如后车受电弓等)指令及反馈各车的状态信息。

⑥自动过分相技术

列车通过地面感应定位信号确定与分相点的相对位置，保证自动过分相的安全和可靠。

⑦客车控制与监测技术

实现车门、照明、空调等设备的控制和监测，还包括与旅客信息系统的信息交换与控制、烟火报警处理、客车信息的集中显示与智能故障诊断等。

⑧列车故障监测与诊断技术

高速列车常用电机、电器的诊断、电子控制设备的诊断、振动诊断、声诊断、红外线诊断、润滑油分析和性能趋向监测等技术。应用上述技术，法国 TGV 动车组装备有防止司机睡眠监视器、速度监测、防撞监测控制、轴温报警、走行部监测、防滑装置的安全防护、旅客安全防护、车门控制等。德国 ICE 高速列车对所有电子控制的范围进行检测诊断，给司机排除故障的提示，更进一步按照优先级和故障后果来划分故障等级等信息为动车组维修提供决策。

(2)通信网络技术

列车通信网络是列车上网络设备进行通信的基础，对列车重要控制设备的控制命令需要通过列车通信网络传输，列车运行信息和诊断信息需要通过列车通信网络传输并集中显示。常用的网络通信技术：

①TCN 通信网络

动车组车厢内各检测设备独立检测各参数，每个车厢内设置了一个车厢级控制主机。列车通信网络(TCN)基于列车总线(WTB)和车厢总线(MVB)，如图 4.15 所示。车厢控制主机通过车厢内部的通信网络汇总各检测设备的数据。各车厢的数据经过处理后，通过列车级通信网络汇总至列车控制主机。通过这种两级网络的形式，管理人员可以在列车控制主机上监控各车厢的各项参数。

WTB、MVB 是为轨道车辆专门开发的专用网络，列车总线(WTB)用于连接列车中的各个车厢，车厢总线(MVB)用于将一个车厢内或不可分的车厢组内的设备连接起来，具有通信速率高、实时性好等特点。

CRH1、CRH3 和 CRH5 采用 TCN 技术，支持多个列车单元重联时的联挂和解挂。控制

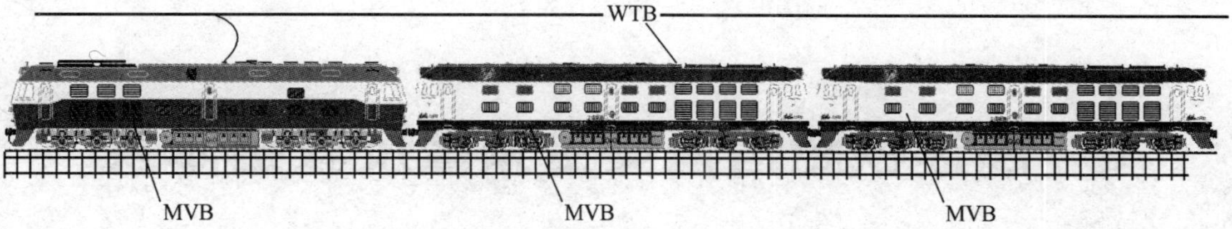

图 4.15 TCN 网络结构示意图

和(或)监督通风系统、列车运行自动控制系统(Automatic Train Control,ATC)、列车超速防护系统(Automatic Train Protection,ATP)、自动车钩、辅助供电系统、供暖和通风空调系统、高压系统、车门、照明、卫生间、旅客信息系统、牵引系统等。

②ARCnet 技术

ARCnet(Attaehed Resource Computing Network)是 Datapoint 公司 1977 年开发成功的一种局域网,使用 RG-62 同轴电缆也可使用双绞线和光纤。新型的 ARCnetPlus 速率已从原来的 2.5 Mbit/s 增加到 100 Mbit/s。这种网络使用的媒体访问法为令牌总线,是一个真正开放标准协议,从 OSI 参考模型来看,提供了网络的物理层和数据链路层服务,能方便地在两个节点之间实现数据包的发送和接收。

ARCnet 应用于 CRH2 动车组,应用光纤环网连接所有中央装置和终端装置,双绞线以总线方式连接中央装置和终端装置,是自我诊断传输网,可对列车运行与车载设备动作的相关信息进行集中管理,有效地实现对司机和乘务员的辅助作用。

复习思考题

1. 高速铁路安全监控系统的监测对象主要有哪些?
2. 简述高速铁路安全监测信息的特点及分类。
3. 简述利用视频进行铁路路障检测系统的原理及工作过程。
4. 试针对高速列车某一关键设备,应用常用的信息集成和融合的方法构建监测系统。
5. 现场实际应用的轨检车有哪些?
6. 如何对轮轨状态信息进行融合处理?
7. 国外典型的高速铁路综合监控系统及其特点是什么?
8. 简述高速列车控制网络技术。
9. 简述 CTCS 列车系统关键技术。

5 高速铁路运营安全预警及救援体系

与传统铁路相比，高速铁路的列车运行速度得到了极大提升，列车运营过程中潜在的不安全因素增多，对运营的安全性要求越来越高。高速铁路的运营安全，除包括列车及配套设备本身的安全外，还包括了整个路网的安全性与防灾能力以及全线设备的维护机制，涉及高速列车、工务系统、牵引供电系统、列车运行控制系统、运营调度系统等多个子系统。本章首先分析了影响高速铁路运营安全的要素，并构建了运营安全评价指标体系，建立了运营安全评价方法；其次，分析了高速铁路预警预控技术，为高速铁路运营安全提供技术保障；最后，介绍了高速铁路应急管理技术及应急救援体系。

5.1 高速铁路运营安全评价指标体系和评价方法

5.1.1 高速铁路运营安全评价指标的划分依据

运营安全评价指标是定量研究运营安全状况的基础，其构建的合理性，直接关系到最终评价结论的可靠性。在以往的运营安全分析评价指标的构建中，主要根据评价者的专业知识和实践经验，缺乏科学有效的指标筛选原则和方法，存在一定的主观性，影响了安全评价的准确性。科学建立评价指标体系，应遵循以下几条原则：

1.内涵明确

指标内涵上的复杂性和不确定性，将会导致对象认识和理解上的偏差，从而会影响指标体系构架的科学性。因此，评价指标必须内涵明确，具有一定的科学内涵，能够度量和反映运营安全状况某一方面的特征。

2.具有代表性

运营安全评价指标涉及面较广，评价过程所伴生的随机性和模糊性，易使指标选择因追求全面性而重复表述，内涵重叠，因此，在保证重要特征和因素不被遗漏的同时，应尽可能选择主要的、有代表性的评价指标，从而减少评价指标的种类和数量，便于计算和分析。

3.独立性

在建立指标体系的过程中，应力求减少单个指标之间的相关程度，避免显见的包容关系，对所设立的各评价指标应能相对独立地反映运营安全状况某一方面的特征，各评价指标之间应尽量排除兼容性，避免信息重叠。

4.完备性

应力求使评价指标能相对全面和完整地反映运营安全状况各方面的重要特征和重要影响因素。

5.层次性

运营安全评价指标体系不同于一般系统工程评价指标体系，其特点是层次高、涵盖广、系统复杂。为此，将运营安全分析评价这个复杂问题中的一系列评价指标分解为多个层次来考虑，形成一个包含多个子系统的多层次递阶分析系统，从而由粗到细、由表及里、由局部到全面地对运营安全状况进行逐步深入的研究，做到在全面了解低层次的广泛监测信息基础上，全面考查，整体排序，系统分析，抓住重点，兼顾一般。

6.实际可操作性

所构建的评价指标应能通过已有手段和方法进行度量，或能在评价过程中通过经研究可获得的手段和方法进行度量；同时，指标体系内部与外部的同类指标之间要能够比较。

7.定性和定量相结合

在运营安全分析评价中，评价指标主要有两类：一类是定量指标，即可以根据运营原型观测资料的情况，得出该指标的实测或计算值；另一类是定性指标，该类指标无法或难于量化，只能通过专家判断，并将专家判断的结果定量化来进行评估，这一类指标往往又是不可缺少的。只有将定性与定量指标结合起来统筹考虑，才有可能达到科学的评价目的，取得可信的结果。

5.1.2 高速铁路运营安全评价指标体系

由于安全与事故是对立的，但事故并非是不安全的全部内容，事故只是在安全与不安全一对矛盾斗争过程中某些瞬间突变结果的外在表现形式。在“无事故”的背后，可能还有许多违章、冒险、故障(缺陷)等不安全因素存在。因此，单纯的事故指标并不足以表征系统的全部安全状况，需和隐患指标相结合。

隐患指标是从系统的整体出发，对系统的人员、设备、环境、管理等进行的安全综合评价。隐患指标由于综合考虑了影响系统安全的所有因素，可以较为全面地反映系统的潜在危险性。但是，由于人们在安全问题认识上的局限性与滞后性，在指标的设置、指标的计量以及对指标重要性的认识等方面难以完全做到科学和客观。事故指标与隐患指标相结合，既考察了系统在一定时期内实际的安全绩效，又考察了系统要素及其组合中的安全隐患，可以避免单用一类指标评价的片面性，能够较为全面正确地反映系统的安全状况。

根据人-机-环境系统工程的原理，将事故与隐患指标相结合，建立高速铁路运营安全风险综合评价指标体系，可以比较全面的反映运营系统的潜在危险性。

高速铁路运营的安全保障除包括人员安全保障、设备安全保障和环境安全保障的人—机—环境系统工程三方面，考虑到高速铁路运行速度快等特殊性，将“机”这一方面细分为基础设备安全保障、运输安全技术设备安全保障两方面。

因此，隐患指标体系分为：人员安全保障评价指标、基础设备安全保障评价指标、运输安全技术设备安全保障评价指标和环境安全保障评价指标四个一级指标。上述四个一级指标从相对静态的角度给出了评价的依据，为了更精确、更合理地评价高速铁路运营安全状态，这里仍需给出相对动态的第五个一级指标，即列车运行实时状态评价指标。

1.人员安全保障评价指标

人对安全起着主导作用。高速铁路运营安全与许多活动有关，所有各项活动都依赖于高效、安全和可靠的人的行为。在高速铁路运营工作的每个环节、每项作业中，都是由人来参与并处于主导地位的，人操纵、控制、监督各项设备，完成各项作业，与环境进行信息交流，与其他作业协调一致。正是由于人在运营工作中的重要地位，使得人的因素在运营安全中起着关键的作用。

影响高速铁路运营安全的人员包括运输系统内人员和运输系统外人员。运输系统内人员主要指车务、机务、工务、电务、车辆、安监、客运、货运、工程、给水、供电等部门的各级领导人员、专职管理人员和基层作业人员，他们是保证运输安全最关键的人员，高速铁路运营实践表明，高速铁路员工，特别是运输生产第一线的职工和负有管理责任的人员，他们的思想品质、技术业务水平及心理、生理素质等不适应高速铁路运输工作的要求，往往是酿成事故的重要原因。

另外，系统外人员也纳入环境安全保障评价指标中，其对安全的影响主要表现在以下三个方面：

(1)旅客携带“三品”上车，不遵守高速铁路安全有关规定而引起行车事故。

(2)高速铁路沿线人员无视高速铁路安全法规，关闭折角塞门、偷盗通信器材、拆卸高速铁路设备和在线路上放置障碍物等，严重威胁高速铁路运输安全。

(3)货主不遵守货物运输安全规定，例如在承运货物中携带危险品而不如实申报等，也会影响高速铁路运输安全。

综上所述，人员安全保障评价指标可进一步细分为人员安全管理水平、安全教育水平、职工安全行为水平、乘客安全行为水平四个二级指标。在二级指标的基础上进一步细分三级指标，见表5.1。

2.基础设备安全保障评价指标

高速铁路运输设备是除人之外，影响运输安全的另一个重要因素，质量良好的设备既是运输生产的物质基础，又是运输安全的重要保证。

运输基础设备主要有：固定设备包括线路(路基、桥梁建筑物、轨道)、车站(编组站、区段站、中间站)、信号设备(高速铁路信号、联锁设备、闭塞设备)等；移动设备包括动车、拖车、通讯设备(各种业务电话、列车预确报电报)、信号设备等。为了全面评价运输基础设备的安全性能，根据运输部门不同进一步细分为线路系统、机务系统、车辆系统、车务系统、电务系统、通信系统、供电系统等七个二级指标。在二级指标的基础上进一步细分三级指标，详见表5.1。

表 5.1 高速铁路运营安全评价指标体系

	一级指标	二级指标	三级指标	四级指标	五级指标
高速铁路运营安全评价指标体系	人员安全保障评价指标	人员安全管理水平	职工生活管理水平		
			职工劳动管理水平		
			安全奖惩有效性		
		安全教育水平	岗前安全教育		
			班组长安全教育		
			中层以上干部安全教育		
			升职安全教育		
			转岗安全教育		
			日常安全教育		
		职工安全行为水平	职工劳动强度	司乘人员劳动强度	
				其他职工劳动强度	
			职工当班精神状态		
			职工当班身体素质		
			职工遵章守纪	班前饮酒	
				越权指挥	
			职工技术业务水平	基层作业人员业务水平	
				一般管理人员业务水平	
				领导人员业务水平	
			职工劳动态度	疏忽大意	
				简化作业过程	
		乘客安全行为水平	危害行车安全		
			危险品携带		
	基础设备安全水平	线路系统	路基下沉		
			路基开裂		
			路基冻胀		
			基床翻浆冒泥		
			基床外挤		
			轨道损伤		
			轨道不平顺		
			垂向不平顺		
			横向不平顺		

续上表

	一级指标	二级指标	三级指标	四级指标	五级指标
高速铁路运营安全评价指标体系	基础设备安全水平	线路系统	复合不平顺		
			桥涵损毁		
			隧道病害	衬砌开裂	
				衬砌错动	
				隧道水害	
				衬砌表面剥落	
			设备被盗		
		机务系统	司机操纵		
			机车走行部		
			轮对踏面		
			制动装置		
			列车定位系统		
			横向减震器断裂		
		车辆系统	车门开启、脱落		
			防滑器故障		
			制动系统故障		
			转向架故障		
			轴温过高		
			检修状况		
			车电故障		
		车务系统	货物装载不良		
			危险品泄露		
		电务设备	电缆(线)故障		
			信号设备故障	车站信号系统	联锁设备
					信号显示设备
					轨道电路
				区间信号系统	信号显示设备
					闭　塞
					轨道空闲检查
				列车运行控制系统	机车信号
					列车超速防护
					自动停车系统
					列车自动运行系统

续上表

	一级指标	二级指标	三级指标	四级指标	五级指标
高速铁路运营安全评价指标体系	基础设备安全水平	电务设备	道岔设备故障		
			轨道电路设备故障		
			微机连锁设备故障		
			轨旁设备故障		
			融雪设备故障		
		通信设备	业务电话		
			列车预确报电报		
			GSM-R 移动通信		
		供电设备	供电网		
			变电所		
	运输安全技术设备性能	高速铁路安全检测系统			
		客票预发售系统			
		行车调度指挥系统			
		确报系统			
		UPS 电源系统			
	环境安全保障评价指标	自然环境	风　害		
			雷　电		
			雪　害		
			泥石流		
			冰　丘		
			冻　害		
			塌　方		
			地　震		
		社会治安环境	恐怖袭击		
			外部人员侵入		
			动物侵入		
			偷盗设备器材		
			放置障碍物		
		公共卫生	食物中毒		
			食源性疾病		
			鼠　疫		
			其他传染性疾病		

续上表

高速铁路运营安全评价指标体系	一级指标	二级指标	三级指标	四级指标	五级指标
	列车运行实时状态评价指标	司机工作状态	身体不适		
			精神状态不佳		
		列车运行状态	列车速度		
			列车牵引系统工作状态		
			列车制动系统工作状态		
		侧风效应			

3.运输安全技术设备性能指标

运输安全技术设备包括安全监控设备、安全监测设备、自然灾害预报与防治设备等。为了较好的全面监测各种设备的性能,考虑到高速铁路线路、机车、车辆、电务、车务部门的特点,该指标细分为高速铁路安全检测系统、客票预发售系统、行车调度指挥系统、UPS电源系统等二级指标。

4.环境安全保障评价指标

影响运输安全的环境条件包括内部小环境和外部大环境两部分。内部环境不仅包括作业环境,还包括通过管理所营造的运输系统内部的社会环境,如运输系统内部的政治、经济、文化、法律等环境。外部环境包括自然环境和社会环境,自然环境对运输安全的影响很大。高速铁路有可能会受洪水、暴雨、风沙、泥石流及地震等自然灾害的威胁。因此,气候因素、季节因素、时间因素以及高速铁路沿线的地形地貌等都是不容忽视的事故致因。社会环境包括社会的政治环境、经济环境、技术环境、管理环境、法律环境等,它们对高速铁路运输安全均有不同程度的影响,比较直接的是高速铁路沿线治安和车站秩序状况。

该指标细分为自然环境、社会治安环境安全保障、公共卫生水平三个二级指标。在二级指标的基础上进一步细分三级指标,详见表5.1。

5.列车运行实时状态评价指标

此指标属于动态指标,从人-机-环境三方面出发,划分二级指标为:列车运行时司机工作状态、列车运行实时状态和侧风效应。在二级指标的基础上进一步细分三级指标,详见表5.1。

综上所述,隐患指标从人-机-环境的系统工程理论为出发点,结合实际运输生产过程,突出高速铁路自身的特点,建立了如表5.1所示的指标体系。

5.1.3 高速铁路运营安全综合评价方法

1.现有评价方法介绍

(1)安全检查表法

安全检查表评价法是一种简便易行的评价方法。它根据经验或系统分析的结果，把评价项目自身及周围环境的潜在危险集中起来，列成检查项目的清单，评价时依照清单，逐项检查和评定，例如美国保险公司的安全检查表，美国杜邦公司的过程危险检查表，美国道化学公司的过程安全指南，日本劳动省的安全检查表以及我国机械工厂安全性评价表、民用航空安全检查表等。该方法虽然简单，效果却很好，各国都颇为重视。

用安全检查表进行安全评价，目前已被国内外广泛采用，为了使评价工作得到关于系统安全程度方面量的概念，开发了许多行之有效的评价计值方法，根据评价计值方法的不同，安全检查表评价法又分为逐项赋值法、加权平均法、单项定性加权记分法以及单项否定计分法。

(2)作业条件危险性评价法

作业条件危险性评价法是一种简便易行的衡量人们在某种具有潜在危险的环境中作业的危险性的半定量评价方法。它是由美国安全专家格雷厄姆和金尼提出的。该方法以与系统风险率有关的三种因素指标值之积来评价系统人员伤亡风险的大小，并将所得作业条件危险性数值与规定的作业条件危险性等级相比较，从而确定作业条件的危险程度。

(3)概率安全评价法

概率安全评价(Probability Safety Assessment,PSA)也称概率风险评价(Probability Risk Assessment,PRA)，是一种定量安全评价方法。此法先求出系统发生事故的概率(使用故障模式及影响和致命度分析、事故树定量分析等方法)，然后结合事故后果严重度的估计进一步计算风险，以风险大小确定系统的安全程度，以此衡量系统的危险程度是否超过可接受的安全标准，以便决定是否需要采取相应的安全措施，使其达到社会所公认的安全水平。

(4)控制图法

控制图法是常用的一种行车安全统计方法，也可以将此方法应用到风险评价当中来。控制图又叫管理图，是一种划有控制界限的图表。控制图法是一种采用数理统计的方法，确定事故发生的上限，控制事故发生率的管理办法。

(5)安全综合评价

对指标体系的安全综合评价方法，叫多指标安全综合评价法，该方法是把多个描述被评价对象不同方面且量纲不同的定性和定量指标转化为无量纲的评价值，并综合这些评价值以得出对该评价对象的一个整体评价。多指标安全综合评价法具有多指标、多层次等特性，能较好地处理大型复杂系统的安全评价问题，因而得到了广泛的应用。

2.安全评价方法的选择标准

由于辨识、评价对象不同，工艺、设备设施不同以及事故类型、事故模式等不同，因而所采用的评价方法也是不同的。选择合理的评价方法是一项关键性工作，它关系到评价对象的评价结论是否合理、正确和可靠。对具体的评价对象，必须选用合适的方法才能取得良好的评价效果，在选用评价方法之前，应考虑下述几个因素：

(1)评价的目的。选用评价方法之前，首先必须考虑评价结果是否能达到评价的目的和动机。

(2)需要的评价结果表现形式，如危险性一览表，潜在事故情景一览表、危险控制措施一览表、危险分级、定量危险分析数值等。

(3)进行评价时可用的信息资料，如生产活动的技术水平、各种资料的数量和质量、评价对象的复杂程度和规模大小、生产方式、操作方式、固有危险的性质、可能发生的事故类型等。

(4)评价对象已经显现的危险，如事故历史情况、设备新旧情况、运行状况、使用年限、易损件的更换情况、管理的现状等。

(5)可投入评价的技术人员及其素质、评价费用、完成期限、评价专家和管理人员的知识结构及水平等。

在选择评价方法时，除考虑上述的因素外，还要对评价方法可提供的评价结果及其适应范围做进一步分析。实践表明，不同的评价方法适应于对系统寿命期内的不同阶段进行危险评价，表 5.2 和表 5.3 分别给出了几种常用评价方法可以提供的评价结果及其适应的阶段。

表 5.2　典型安全评价方法提供的评价结果

评价方法	事故情况	事故频率	事故后果	危险分级
安全检查表	不能	不能	不能	不能
危险指数法	提供	不能	提供	事故后果分级
预先危险性分析	不能	不能	提供	提供
危险性和可操作性研究	提供	提供	提供	事故后果分级
故障模式及影响分析	提供	提供	提供	事故后果分级
事故树分析	提供	提供	不能	事故频率分级
事件数分析	提供	提供	提供	提供
概率评价法	提供	提供	提供	提供
作业条件危险性评价法	提供	提供	提供	提供
安全综合评价法	不能	不能	不能	提供

3.高速铁路运营安全综合评价方法选择

现有的评价方法适用于不同的系统和不同的对象。其中，适合于高速铁路运营安全评估的方法主要有：

(1)专家评估法

专家评估法可以说是安全系统工程领域最为基础的方法，迄今仍然广泛应用。在高速铁路安全评估中，尤其是针对人员因素和管理体制对运输安全影响的分析，由于安全隐患难以从书面材料中识别，专家评估方法仍然必不可少。

表 5.3　典型安全评价方法适用情况

评价方法	方案设计	详细设计	工程施工	日常运营	改建扩建	事故调查	拆除退役
安全检查表	√	√	√	√	√		√
危险指数法	√			√	√		
预先危险性分析	√	√	√	√	√	√	
危险性和可操作性研究			√	√	√	√	
故障模式及影响分析			√	√	√	√	
事故树分析	√	√		√	√	√	
事件树分析			√	√	√	√	
概率评价法	√	√	√	√	√	√	
作业条件危险性评价法				√			
安全综合评价法			√	√	√		

专家评估法包含评分法、表决法和安全检查表法等，其中使用较为普遍的是安全检查表(SCL)法。其主要思想是事先把检查对象加以分解，将大系统分割成若干小的子系统，以提问或打分的形式，将检查项目列表逐项检查，以查找系统中各种元件、部件、设备、设施、物料、工件、操作、人员、管理和组织措施中的危险、有害因素，并逐项进行分析，对存在安全隐患的部分提出整改意见和措施。

(2)故障类型和影响分析(FMEA)

根据高速铁路系统可以划分为子系统、设备和元件等单元的特点，按实际需要将系统进行分割，然后分析各自可能发生的故障类型及其产生的影响，以便采取相应的对策，提高系统的安全可靠性。列出设备的所有故障类型对高速铁路系统的影响因素，这些故障类型对设备故障进行描述，故障类型的影响由其对设备故障有系统影响确定。FMEA 分析可直接导出故障(或事故)或对故障(或事故)有重要影响的单一故障类型，辨识单一设备和系统的故障类型及每种故障类型对系统或装置造成的影响。这时，评估人员通常提出增加设备可靠性的建议，进而提出安全对策。

(3)事件树分析(ETA)

事件树分析法是用来分析普通设备故障或过程波动(称为初始事件)导致故障(或事故)发生的可能性。故障(或事故)是典型设备出现非正常状态或操作异常引发的结果。事件树可提供记录故障(或事故)后果的系统性的方法，并能确定导致事件后果与初始事件的关系。

事件树分析适合用来分析那些产生不同后果的初始事件。事件树强调的是故障(或事故)可能发生的初始原因以及初始事件对事件后果的影响。事件树的每一个分支都表示一个独立的故障(或事故)序列。对一个初始事件而言，每一个独立故障(或事故)序列都清楚地界定了安全功能之间的关系。

(4)故障树分析(FTA)

故障树能对各种系统的危险性进行识别评价，既适用于定性分析，又能进行定量分析。FTA 具有简明、形象化的特点，体现了以系统工程方法研究安全问题的系统性、准确性和预测性。FTA 作为安全分析、评价和故障(或事故)预测的一种先进的科学方法，不仅能分析出故障(或事故)的直接原因，而且能进一步提示故障(或事故)的潜在原因。因此在工程或设备的设计阶段、在故障(或事故)查询或编制新的操作方法时，都可以使用 FTA 对它们的安全性做出评价。与事件树分析不同，故障树分析使用演绎法，而事件树分析采用的是归纳法。

(5)数值分析

数值分析也是最常用、最基础的技术分析方法。即根据对系统的测量、检验、试验和观测数据，进行必要的计算和仿真分析，根据其结果对系统是否满足要求做出初步的、基本的判断。

(6)其他方法

高速铁路安全评估方法还包括模糊数学法、灰色聚类法和人工神经网络等。模糊数学法和灰色聚类法均考虑到复杂系统安全的灰色性，但当危险因素分布过于离散时，由于白化函数(隶属函数)包含的因素范围窄，就有可能导致评价错误。可考虑采用等斜率灰色聚类法进行分析评价。它是在灰色聚类的基础上加以改进，以等斜率方式构造白化函数，较大地拓宽了白化函数的范围，并用修正系数对白化函数进行修正，可以保证在分级标准值处相邻两级白化函数相同，避免了边界值附近的误判现象，使评价结果更为合理。人工神经网络法是利用现代计算机技术，采用计算机辅助分析和人工神经网络的的理论对系统进行安全性分析。

5.2 高速铁路致灾分析、评价及预警预控技术

5.2.1 高速铁路运输系统的致灾风险

1. 高速铁路运输安全的构成要素

高速铁路运输系统是一个在时间、空间上分布很广的开放的动态系统，高速铁路运输安全影响因素错综复杂，涉及面很广。根据系统论创始人贝塔兰非的观点，系统是相互关联并与环境相互联系的要素的集合。从系统论的观点出发，与运输安全有关的因素划分为四类：人、设备、环境以及管理。

(1)人员

人员指从事和参与高速铁路行车的人员，包括机车乘务组人员、各工种的调度人员、车站行车人员以及行车设备的操作、管理、维修人员等。

(2)设备

设备指有关高速铁路行车的各项设备，包括线路、站场、动车组、电力、通信、信号以及相关的检测、监控、维修、救援设备等。

(3)环境

环境指高速铁路行车的环境和行车工作的环境，包括沿线和站场周围的自然环境(如狂风、暴雨、大雾、洪水、地震、滑坡、塌方等影响)以及行车人员的工作环境(如噪声、振动、温度、湿度、光线、工作台面等影响)。

(4)管理

管理指对高速铁路行车人员、设备、行车组织的管理，包括编制有关行车的规章、制度、条例、细则、方法和行车组织办法等并监督其贯彻执行以及进行行车事故救援和路内外联防等的组织管理。

上述四大因素相互联系、相互作用、相辅相成，构成高速铁路致灾机理体系，如图 5.1 所示。

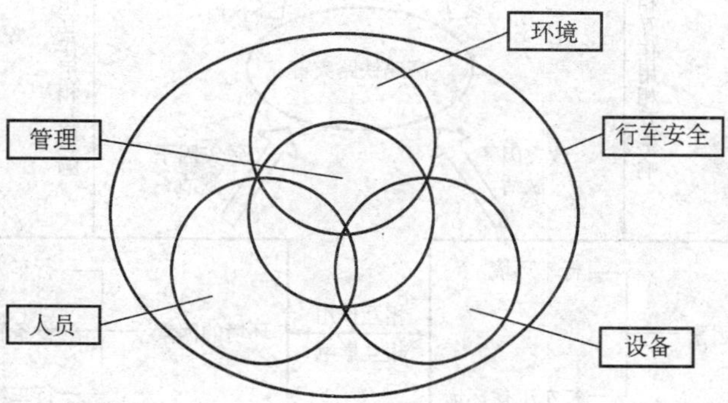

图 5.1　高速铁路交通灾害影响因素图

高速铁路灾害的成因是多方面的，其致灾机理应从“人-车-环境-管理”中进行分析，高速铁路灾害的致灾因子包含在人、车、环境、管理这四大系统内部及其之间的相互作用、相互影响之中。如图 5.2 所示的高速铁路致灾四大因素及其相互关系，可描述高速铁路灾害的发生过程。“人-车-环境-管理”这四大致灾要素中的任何一个要素发生异变，都可能引发灾害事件，任何两个要素及多个要素之间的互动，可以引发且快速引发灾害事件。四个要素之间的关系是相互影响互为因果，共同诱发交通灾害。而从四大要素的各自的内部构成来分析，每一要素事件的内部因素亦可成为致灾因子。

2. 人员因素影响分析

(1)人对保障运输安全的重要性

在安全问题中，人是矛盾的主要方面，因为即使是高度自动化的系统也不可能完全避免人的介入，不可能完全不受人的操纵和控制。

高速铁路运输安全与许多活动有关，所有各项活动都依赖于高效、安全和可靠的人的行为，在高速铁路运输工作的每个环节、每项作业中，都是由人来参与并处于主导地位的，人操纵、控制、监督各项设备、完成各项作业，与环境进行信息交流，与其他作业协调一致。正是由于人在运输工作中的重要地位，使得人的因素在运输安全中起着关键的作用。人对行车安全的特殊作用可归纳为下述三点：

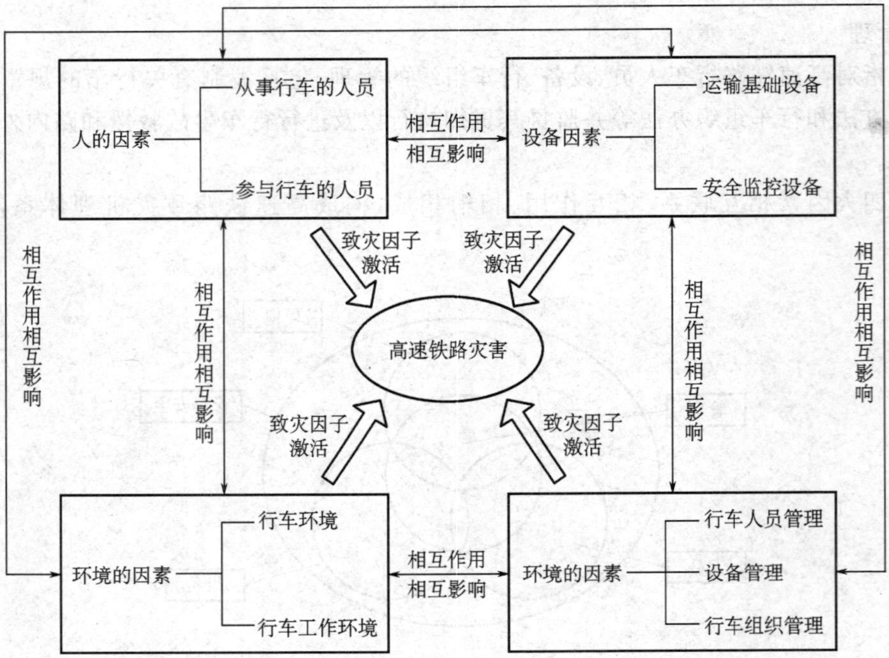

图 5.2　高速铁路致灾机理体系图

①人的主导性

在人和设备的有机结合体中，人是主导方面。设备必须由人来设计、制造、使用和维护，即使是技术状态良好的安全设备，也只有通过人的正确使用，才能发挥它的安全作用。

②人的主观能动性

当情况突然变化时，人能立即采取相应的措施和灵活的方法，排除故障等不安全因素，使系统恢复正常运转。只有人才有主观能动性，从而具有合理处理意外情况的能力。

③人的创造性

人能够通过研究和学习，不断地提高和改变现有系统的安全水平。

(2)人的不安全因素

人是自然界最活跃的因素之一，人的聪明才智常常会起到改变世界的作用，但由于人存在着生理、心理和技术素质上等的不安全因素，也常常有失误的时候，这种情况一旦出现在涉及人或人构成的系统里，就有可能导致灾害的发生。

(3)影响高速铁路运输安全的人员分类

关于高速铁路运输安全的人员分类已经在 5.1.2 中进行了详细介绍。

3. 设备因素影响分析

高速铁路运输设备是除人之外，影响运输安全的另一个重要因素，质量良好的设备既是运输的物质基础，又是安全的重要保证。

高速铁路运输设备由于具有种类多、数量大、整体性强、延伸面广、配置分散、连续运转、冲击剧烈、自然力影响大、设备有形损耗严重、运用中设备监控难度大、故障处理时间紧等特点，因而对其安全性要求较高。

4. 环境因素影响分析

高速铁路运输环境是指人、机共处的特定工作条件。在系统中的“环境”是对安全有重大影响的要素群，既包括作业环境、自然环境，又包括广义的社会环境（如生活、文化、经济、政治及治安等环境），环境影响安全可以说是无孔不入，但其影响既可能产生正效应，也可能产生负效应，对安全而言，系统可以发挥“管理”要素的中介转换功能，即通过改善可控的内部小环境来适应不可控的外部大环境，以强化其正效应或削弱其负效应，创造保障行车安全的良好条件，减少高速铁路灾害的发生。

5. 管理致灾因素分析

通过对人为致灾因素、设备致灾因素和环境致灾因素的分析，可以发现造成高速铁路交通灾害的关键因素，实际上是高速铁路组织安全管理被动和管理失误的作用。对各因素的分析有各自不同的相互关系侧重点。其中，驾驶员操作、判断因素主要涉及人-机-环境关系，维修人员因素主要涉及人-机关系，调度员因素主要涉及人-环境关系，对驾驶人员、维修人员、调度人员及高速铁路组织的管理则主要涉及人-人关系。当然，人-机-环境系统所需考虑的因素还包括其他许多方面，如人-机关系方面涉及的人-机界面的设计。这些关系的失调，是导致高速铁路交通灾害的根源，只有从管理角度进行协调和控制，才能有效地防范高速铁路运营灾害。

5.2.2 高速铁路事故的特点

高速铁路交通事故具有以下显著特点：

1. 特大、重大交通事故比例较高

良好的运营条件，使得高速铁路交通事故率较之一般普通铁路要低，但由于高速铁路行驶速度较快、驾驶员反应时间不足，致使一旦发生交通事故往往都是特大、重大、恶性交通事故，且事故死亡率也较高。以德国高铁为例，1998 年 6 月 3 日早上 10:59，德国高铁 ICE884 号列车行经接近艾须得路桥时以 200 km/h 出轨，第三节车厢撞击艾须得路桥右侧第一根梁柱，坍塌后造成后方车厢相继撞上，共造成 101 人死亡，为德国高铁史上最惨痛的事故，如图 5.3 所示。

2. 环境影响较大

在高速铁路交通事故中异常环境因素所致交通事故比例较大，且是有些特大、重大交通事故的主要致因因素。障碍物或侵入物进入高速列车运行的轨道，极易导致列车脱轨造成严重的行车事故。强风、暴雨、大雪等恶劣天气，使高速列车运行失稳，路堤冲毁、轨道结冰，给高速列车的运行带来了极大的安全隐患，这些因素极易造成重大交通事故。

图 5.3　德国高铁事故图

3. 发生事故救援困难

高速铁路一旦发生事故，事故后果将极其严重，事故的救援将涉及大范围的人力、物力资源调配，给救援带来了极大困难。同时由于高速列车运行速度高，在进入隧道时，由于活塞效应，头部受正压，尾部受负压，四周形成环流，产生更大的空气压力。列车穿越隧道时形成的压力脉冲(压缩波与膨胀波)将会不断传递、反射、干扰和叠加。高速列车在隧道内交会时，头尾部引起的压力扰动给对向列车一个强大的脉冲压力。隧道(特别是长隧道)中发生事故后果严重，也给救援带来了极大困难。

5.2.3　高速铁路预警分析技术

1. 预警管理方法的理论基础

(1)信息论

预警本身是一种信息，主要体现在：

①预警需要有一定的信息作业基础，并对信息进行分析、推断与转化，预警过程还必须不断地对信息进行更新，实现信息采集。

②预警最终输出的是警报信息以及相关的对策建议信息。这种预警信息是原始信息经推断处理后的有用信息，是一种密集度高、具有警示性的信息。

③进行高速铁路灾害的预警管理，必须掌握信息、处理信息、转化信息，因而必须选用信息论的原理，把握信息运动的规律，滤除伪信息和信息中的噪声，使原始信息转化为意识信息，转化为可用于决策的有用信息。

(2)控制论

预警的最终目的是为了预控，因而控制是预警的落脚点，高速铁路灾害预警系统的设计必须采用控制论的原理与方法。

(3)决策论

由于高速铁路灾害的发生具有广泛存在性，因而对高速铁路灾害的管理决策大多是风险决策，高速铁路灾害预警系统的设计要充分运用风险决策原理。

2. 预警管理方法的体系

高速铁路灾害预警的方法体系由预警信息系统、预警指标系统、预测系统、预警准则、预控对策系统的不同方法所构成。

(1)预警信息系统的方法

预警的主要依据是信息，因而必须建立灵敏的预警信息系统。预警信息是原始信息向征兆信息转换的结果。原始信息包括历史信息和即时信息，也包括实际信息和判断信息，还包括国内信息和国际信息以及与高速铁路相关的自然、科技、经济和社会信息。

一个完善的预警系统需要有遍布全国及海内外的信息网来进行支撑。信息网的作用是进行信息搜集、统计与传输；除信息网外，还应包括高效的中央信息处理系统，同时还应建立科学的信息推断系统。中央信息处理系统的功能是储存和处理从信息网传入的各种信息，进行综合、甄别和简化。信息推断系统是对缺乏的信息进行推断，并进行征兆信息的推断。

(2)预测系统的方法

预测系统的功能是进行必要的未来预测，主要包括：

①对现有信息的趋势预测，其预测方程是：

$$y=f(t) \tag{5.1}$$

式中，y 是预测变量，t 是时间。

②对相关因素的相互影响进行预测，其预测方程为：

$$y=f(x_1,x_2,\cdots,x_n) \tag{5.2}$$

式中，y 是预测变量，$x_1,x_2,\cdots,x_n$ 为影响变量 y 的一些相关变量。

③对征兆信息的可能结果进行预测。

④对偶发事件的发生概率、发生时间、持续时间、作用峰期以及预期影响进行预测。

(3)预警指标体系的方法

预警指标体系的目的是为了使信息定量化、条理化和可运用化。预警指标体系可以分为两类：潜在指标和显现指标。潜在指标主要用于对潜在因素的定量化或对征兆信息的定量化；显现指标则主要用于显现因素的定量化或对现状信息的定量化。要选择重点指标和敏感指标，以便预警指标体系能真正反映高速铁路所面临灾害风险的实际情况。

(4)预警准则及方法

预警准则是指一套判别标准或原则，用来决定在不同的情况下，是否应当发生警报以及发生何种程度的警报。预警准则的设置要把握尺度，如果准则设计过松，则会使得有危险而未能发生警报，即造成漏警，从而削弱了预警的作用。如果预警准则设置过严，则会导致不该发警报时却发出了警报，导致误警。

预警系统中的警报准则的设计可以采用多种形式，从大类上来分，主要有以下几种：

①指标预警

指标预警是指根据预警指标的数值大小的变动来发出不同程度的警报。设要进行警报的指标为 x，设它的安全区域为$[x_a, x_b]$，其初等危险区域为：$[x_c, x_a]$和$[x_b, x_d]$，其高等危险区域为$[x_e, x_c]$和$[x_d, x_f]$，如图 5.4 所示。

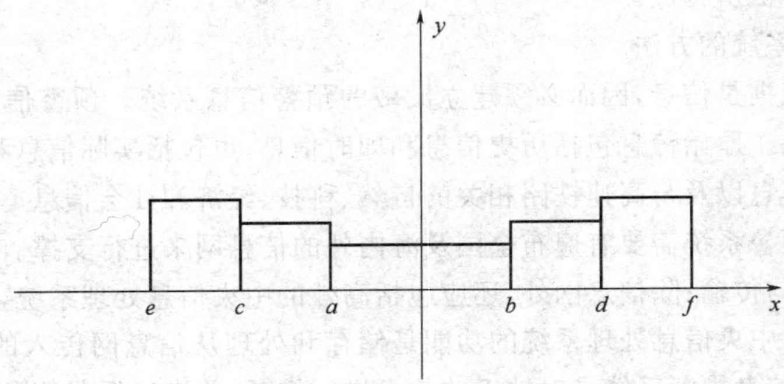

图 5.4　预警值域图

基本警报准则如下：

当 $x_a \leqslant x \leqslant x_b$ 时，不发生警报；

当$\left.\begin{matrix} x_c \leqslant x \leqslant x_a \\ x_b \leqslant x \leqslant x_d \end{matrix}\right\}$时，发出一级警报；

当$\left.\begin{matrix} x_e \leqslant x \leqslant x_c \\ x_d \leqslant x \leqslant x_f \end{matrix}\right\}$时，发出二级警报；

当$\left.\begin{matrix} x \leqslant x_e \\ x \geqslant x_f \end{matrix}\right\}$时，发出三级警报。

但如果严格按照上述指标预警方式来操作，则有时出现的偶然性波动或一次性的波动也会导致警报发生，有可能产生误警。因此，当某一指标发生波动时，可以留一定的观察期来看看其变化，若指标在某一时刻落入危险区，但很快又恢复正常，且可以在安全区稳定一段时间，则应当推测该因素有偶然变化的可能。如果有某一指标突然跃入危险区并继续向高等危险区迁移，则说明高速铁路面临了相当严重的致灾风险，应当立即发出警报并采取措施制止事态的进一步恶化。如果某一指标在危险区发生上下波动，则这种波动大多是系统性风险因素所为。如果高速铁路无力对此风险因素进行控制，则应采取风险回避等方法或尽量减少该致灾因素对高速铁路的影响。

②因素预警

在风险致错因素或预警管理中，既存在可计量的因素，也存在不可直接计量的因素，对于可计量的风险因素，可以来用指标预警的方法，对于不可计量的致错因素，则应采用因素预警法。因素预警有两种形式，一种是：

$$\begin{cases}\text{当风险因素 } x \text{ 出现时，发出警报；}\\ \text{当风险因素 } x \text{ 不出现时，不发出警报。}\end{cases}$$

这是一种非此即彼的警报方式，若视这种致错因素为随机变量，且设 $P(x)$ 表示致错因素发生的概率，则可用第二种因素警报模式：

$$\begin{cases}\text{当 } 0 \leqslant P(x) < P_a \text{ 时，不发出警报；}\\ \text{当 } P_b < P(x) < P_c \text{ 时，发出初等警报；}\\ \text{当 } P(x) \geqslant P_c \text{ 时，发出高等警报。}\end{cases}$$

③综合警报

把指标预警方法与因素预警方法结合起来，并把诸多因素综合进行考虑，可以得出一种综合警报模式。

④误警与漏警

误警包括两种情况：一种情况是，发出了某一风险出现的警报，而该风险最终没有出现，此称为一类误警；另一种情况是，发出了某一风险出现的警报，该风险因素最终出现了，但其风险程度与预报的程度相差一个等级(如发出高等级警报，而实际上为初等风险)或者风险出现的时间与警报所提出的时间相去较远。一般而言的误警指第一类误警。

误警会增加高速铁路的预警成本，这种预警成本包括警报发出后采取预防行动所花费的成本以及其他相关成本(如停工等)。误警的原因主要有：a. 指标设置不当，如把一些对导致高速铁路灾害发生的影响并不严重的因素设置成预警因素。b. 警报准则过严，即在警报准则设计中，安全区设计过窄，危险区设计过宽。c. 信息、数据有误。

漏警，是预警系统未曾发出警报的致错与风险因素最终发生了。漏警的原因有：a. 小概率事件。在对导致高速铁路灾害的风险因素中，一些属于小概率事件的因素被排除在考虑之外(这种排除是必要的，否则会加大预警的工作量并易混淆视听)，而这些小概率事件也有发生的可能。b. 一些原不属致错与风险因素之列的因素随着时间的变化而成为致错与风险因素，因而原先设计的预警系统便不能检测到这种因素发生的征兆，因而也就不能及时准确地对这些因素的发生发出警报。c. 预警准则设计过松，即安全区设计过宽、危险区设计过窄。

(5)预控对策系统的方法

预控对策系统的功能，是事先准备好在各种灾害风险条件下的应急对策或对策思路，一旦发出风险警报，则根据预警信息的类型、性质和警报的程度调用相应对策。一般地，预警对策系统中的对策大多是思路性、提示性的，目的在于当发出警报时决策者不至于手忙脚乱、忙中出错，指导高速铁路按照预控对策系统的提示去寻求更具体的实施方案。

整个预警管理系统的科学方法可保证下述过程的运行：与高速铁路有关的内外信息通过

信息网进入预警信息系统,经存储、处理、甄别和推断后,再分别进入预测系统和预警指标体系中。预测系统运用预测方法对未来内外环境状况进行预测,预警指标体系经过运算而估计出未来灾害风险状况,所输出的结果进入预警准则中进行比较与判别,以便决定是否发出警报以及发出何种程度的警报。然后根据判别结果调用预控对策系统中提供的对策,最后发出警报信号以及显示预控对策信息,如图 5.5 所示。

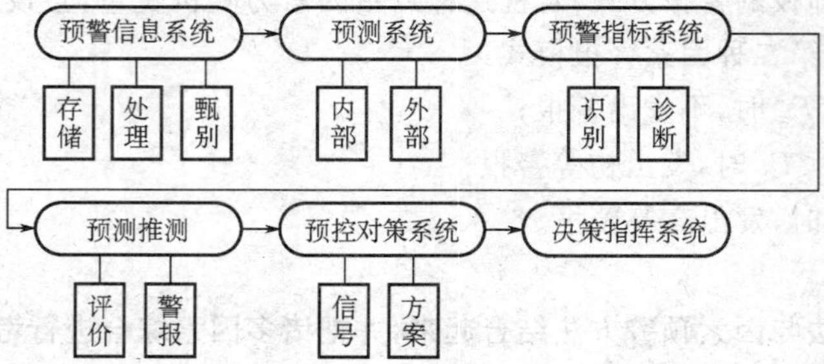

图 5.5　高速铁路灾害预警系统的方法流程

当决策者接收到预警信息以后,要根据预警信号在短期内做出大致推断,以揭示预警信号意味着什么,寻找引起风险的原因及根源,运用预控对策提示(但不能受限于这种预控对策提示)研究具体化的对策方案与措施,并尽快加以实施。

在预警系统的整个运行过程中,还有许多问题要探讨:①如何及时地更新预警信息库,补充新的信息,删去陈旧的、被证明是错误的信息。②如何定期对预测系统预警准则、预控对策系统进行修正、完善。③如果出现误警或漏警,如何深入分析其原因。一般地,由于不确定性因素的存在,误警和漏警在所难免,但如果频繁出现误警和漏警,便属于不正常现象。一般可推定预警系统的方法有技术性缺陷存在,应予以修正。

5.2.4　高速铁路预控对策技术

高速铁路预控对策技术主要实现对各种灾害现象的早期预防与控制,并能在严重的灾害形势下实施危机管理方式。它包括组织准备、日常监控、危机管理三个活动阶段。

1. 组织准备

开展预警分析和对策行动的组织保障活动,包括制定与实施预警管理活动的制度、标准、规章,服务于本系统的组织管理过程,目的在于为预警活动提供有保障的组织环境。组织准备有两个特定任务:一是规定预警管理系统的组织结构(机构、职能设定)和运行方式,二是为高速铁路处于交通危机状态下的危机管理提供组织训练与对策准备,即对策库。组织准备活动是整个预警系统的组织准备过程。

2. 日常监控

日常监控指对预警分析活动所确定的主要灾害现象进行特别监视与控制的管理活动。由预警活动所确立的灾害现象，往往对高速铁路全局有重大影响作用，因而要进行及时地跟踪监测。同时，由于灾害现象是变化发展的，并可能是难以迅速控制的局势，所以，在日常监控过程中还要预测灾害现象未来发展的严重程度及可能出现的危机结果，以防患于未然。因此，日常监控活动有两个主要任务：一是日常对策，二是危机模拟。日常对策即对高速铁路灾害现象进行避防与纠正活动，防止该灾害现象的扩展蔓延，逐渐使高速铁路运输活动恢复到正常状态。危机模拟，是在日常对策活动中发现致灾诱因难以有效控制时，对可能发生的高速铁路危机状态进行假设与模拟的活动，以此提出对策方案，为进入"危机管理"阶段做好准备。日常监控的对象，主要是在预警活动中确立的自然灾害、行车事故、高速铁路病害、环境破坏和人为破坏等灾害现象，这三者既可以被日常对策所控制和矫正，也可以因失控而导致高速铁路危机状态。

3. 危机管理

高速铁路灾害危机指因高速铁路发生重大事故、重大灾害而引发社会连锁反应，形成社会性灾难而导致高速铁路终止营运或整体管理失控的一种灾难状态。危机管理是一种"例外"性质的管理，是只有在特殊境况下才采用的特别管理方式。它是指当日常监控无法扭转局面而陷入交通危机状态时，或在高速铁路管理系统已无法控制灾害状态或高速铁路领导层基本丧失指挥能力的情况下，有必要以特别的危机计划、特别领导小组紧急救援体系、应急措施社会救助方案，介入高速铁路运营活动的管理过程。一旦铁路局势恢复到正常可控状态，危机管理的任务便可完成，由日常监控环节继续履行预控对策的任务。危机管理的主要任务，就是"例外"管理，危机管理的主要内容，是危机计划的制定及特别机构的组织与应急救援的实施。对策工作的前提，它与日常监控都是执行预控对策任务的主体。而危机管理是特殊情境下对日常监控活动的扩展，组织准备活动不但连接预警分析与预控对策活动的环节，也为高速铁路交通灾害预警管理系统提供组织运行规范。

4. 组织准备、日常监控、危机管理的关系

预控对策活动中的组织准备与日常监控活动是执行预控对策任务的主体；危机管理活动是特殊情况下对"日常监控"活动的一种扩展。日常监控和危机管理工作都要以"组织准备"活动为前提。而组织准备活动，不仅是联结预警分析与预控对策活动的环节，它也为整个高速铁路灾害预警管理系统提供组织运行规范。

5.2.5 高速铁路预警管理系统

高速铁路交通灾害的预警管理，是高速铁路运输部门对高速铁路灾害和高速铁路事故的诱因进行监测、诊断及预先控制的一种制度手段和方法。高速铁路交通灾害预警系统不仅要指导高速铁路运输组织如何保证和改善其常规功能，而且还要产生新的管理功能以形成防错纠错新机制。

要在高速铁路组织中构建一个具有操作意义的灾害预警管理系统，首先要从理论上解决该管理系统的建模原则与建模方法问题，即高速铁路灾害预警管理系统如何构建，才能具备五

个基本功能：描述、解释、评价、预测、对策。

1. 高速铁路预警管理系统的构建原则与目标

高速铁路灾害预警管理的基本理论思想，是将高速铁路的日常运营活动视为常态运营状态和灾害状态交互发生、互相转化的过程，认为这种交互转化的活动过程是在高速铁路所处环境的安全状态和不安全状态这两者交互作用下进行的。因此，高速铁路外部环境的安全状态变化和内部管理状态的变化，使高速铁路运营过程呈现为成功机理与安全机理两者交互作用的运行管理过程。这个基本研究思想，决定了高速铁路灾害预警管理理论所指导的高速铁路灾害预警管理系统的构建，是以保证高速铁路日常运营活动处于“安全、可靠”运行状态，并以预测、监控、矫正各种灾害现象为其核心任务的组织管理体系。

(1)预警管理体系的构建

①预警管理体系的构建思路

高速铁路交通灾害预警管理，是根据高速铁路运输组织的管理过程和结果是否满足高速铁路运输安全管理目标的预期要求，来确定高速铁路运输组织的运行是处于“逆境”或“顺境”并由此做出对策反应的管理活动。它是对高速铁路灾害和事故的诱因进行监控、预测与警告，并在确认逆境现象(高速铁路灾害和事故)已严重发生情况下，采用现定的组织方法干涉和调控其运行过程并使之恢复正常状态的管理活动。

高速铁路交通灾害的发生，是高速铁路运输过程中外部环境的突变同运载工业失控这两种因素交互作用而发生的。在这个过程中，外部环境突变主要是指自然气候、自然灾害、路基、地形和犯罪分子破坏造成高速铁路运输过程的异常改变。运载工具的失控，指的是动车组、铁轨、通讯等设备发生机构故障和操作人(司机)的操作失误共同作用的结果。即高速铁路灾害的形成包括了人的因素、设备因素和环境因素三大方面的作用力。

建立高速铁路灾害预警管理系统的关键，在于确认“运营常态”与“灾害状态”及其相互关系，对此，我们可以用“系统非优理论”来进行确认。系统非优理论，是根据人类认识、实践活动的过程与结果是否符合客观合理性的尺度，确定了“优”和“非优”两个研究范畴。其中“优”范畴包括最优和优，即成功的过程和结果；“非优”范畴包括失败的和可以接受的不好过程和结果，低效率、不合理是典型的“非优”。因此可以认定：“运营常态”是指高速铁路运营成功的过程和结果，它包括“卓越”和“优良”的管理过程和运营结果；“灾害状态”是指高速铁路运营失利、失败和可以接受的不好过程和结果。以“非优思想”作为构建预警管理体系的指导，是一种科学的思考方法。

②“非优思想”下的预警管理理论

非优概念的出现，产生了在一定需求条件下的优范畴，这种衡量优范畴的尺度是系统优化的核心内容。然而，现实生活中根本不存在绝对的“优”和“非优”，只有在一定条件下所区别的相对优。“相对优”可以看成“令人满意解”。由于现实系统中存在着大量的不确定性、非线性特征(正如西蒙指出的传统古典决策原则的三个缺陷，即忽略经济生活中不确定性的存在；忽略现实世界中的非线性关系;忽略决策者主观条件的限制),大多数情况下没法找到一个令人满意的最优解。事实上,令人满意的标准应该是确定一个上限和一个下限,只要在上下限范围内,就都是可以被接受的。这实际上是用"优化区间"代替了"优化点"。预警管理的重要内容就是如何确定这个"优化区间"。

高速铁路灾害预警管理系统,正是在"非优思想"指导下建立的一种研究高速铁路灾害状态(非优)、研究灾害状态与运营常态(非优与优的演化)、研究高速铁路运行在现有灾害现象下怎样有效调控(相对优)等问题的系统预警分析与预控对策的组织与方法。高速铁路灾害预警管理系统将解决下述问题:高速铁路系统是在什么因素下和在什么条件下出现灾害状态的?怎样有效地预测和控制这些灾害现象?怎样缩短高速铁路系统从灾害状态走向运营常态的过程?怎样构造对高速铁路系统有一定控制作用的预控方法?具体地说,高速铁路交通灾害预警管理力图解决下列问题:铁路部门人员的局限性或人为失误的可能性,高速铁路交通环境和机车故障的形成原因和过程以及它们与人为失误之间的联系;机车在不同条件下发生事故和灾害的可能性;高速铁路安全管理在什么条件作用下可能出现管理失误,如何识别和诊断高速铁路事故苗头或灾害征兆;如何预测和控制这些事故或灾害征兆发展趋势;如何运用有效的预控方法……

(2)预警管理系统的目标

高速铁路灾害预警管理系统的建立,应以下述三个目标的实现为其构建原则。

①对高速铁路环境变动进行监测与评价,以此明确高速铁路面临或可能面临的不利环境变动。监测范畴主要是自然环境的安全度、高速铁路本身的安全度、工作环境的安全度以及其他人文环境的变化,其中对自然环境的安全度监测将是工作的重点。

②对高速铁路内部运营管理进行监测与评价,以此明确并预控运营管理行为的过程与结果。监测对象主要是高速铁路管理部门的运营管理行为,同时监测运营管理失误同高速铁路灾害发生之间的因果关系和转化关系,并提供管理行为优化模式。

③建立高速铁路灾害预警管理活动的评价指标体系。上述两个目标任务的实施,必须依靠预设的预警评价指标才能进行,否则,预警系统的工作将是经验性的、随机的、不系统的过程。为此,高速铁路灾害预警管理系统要建立对高速铁路外部环境的安全评价指标、对高速铁路管理的运营评价指标。这些评价指标,构成高速铁路灾害预警管理活动的主体性的评价指标体系。

上述三个目标的提出,实际上就是高速铁路管理预警系统模型建立的内容规定和建模原则。

2.高速铁路预警管理系统的活动内容

高速铁路灾害预警管理的活动,包括预警分析与预控对策两大模块的内容。根据预警管理系统的构建思想与目标,高速铁路组织中的预警管理系统可以按图 5.6 所显示的内容体系来构造。

按照图 5.6 的思路,高速铁路灾害预警管理系统由预警分析与预控对策两大任务体系构成。预警分析是对高速铁路的各种灾害现象征兆，即高速铁路运输中的自然灾害、行车事故、线路病害、环境破坏、人为破坏等征兆进行监测、识别、分析、诊断与评价，由此做出警示，并对高速铁路灾害现象的早期征兆进行即时矫正与控制的管理活动。预控是根据预警分析的结果，对高速铁路灾害征兆的不良趋势进行矫正、预防与控制的管理活动。

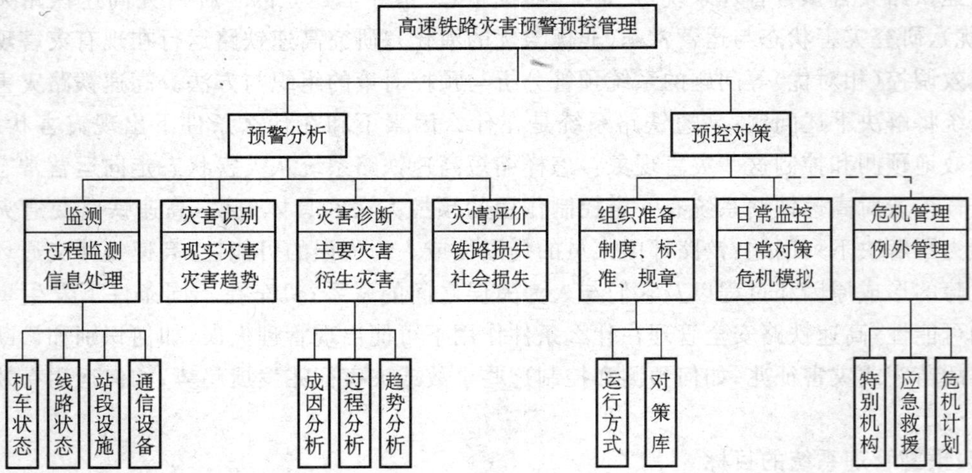

图 5.6　高速铁路灾害预警管理的内容体系

(1)预警分析的内容

高速铁路交通灾害预警分析包括四个活动阶段：监测、识别、诊断与评价。

①监测

监测是针对高速铁路交通环境、机车行车状态、驾驶员行为及高速铁路安全管理的过程监测与信息处理。通过对大量监测信息的整理分类、存储、传播、建立系统共享的信息档案，并将监测信息及时准确地输入下一个预警环节。

②识别

识别是运用综合评价指标体系对监测信息进行分析，以识别高速铁路安全生产活动中各类灾害征兆和事故诱因。关键在于根据监测所得到的指标值，分析高速铁路交通某个环节出现的事故苗头和可能发生的连锁反应，判断其处于正常、警戒或危机状态，在必要时准确报警。

③诊断

诊断是对处于警戒和危机状态的评价指标进行会诊，分析各种致灾因素的诱因、过程及发展趋势，指明哪些是危害性最大的致灾因素。对已被识别的各种灾害现象，进行成因过程的分析和发展趋势预测，以明确哪些灾害现象是主要的，哪些灾害现象是从属的、衍生的。灾害状态诊断的主要任务是在诸多致灾因素中找出主要矛盾，并对其成因背景、发展过程及可能的发展趋势进行准确定量的描述。诊断的工具，是高速铁路运营特性和社会交通共性相统一的评价指标体系。

④评价

对已被确诊的高速铁路灾害现象进行损失性评价，以明确高速铁路在这些灾害现象冲击下会继续遭受什么样的打击。灾害状态评价的主要任务有两个：一是进行高速铁路部门损失趋势及损失的评价，包括直接损失或间接损失；二是进行社会损失的评价，包括环境损失和社会波动后果的评价。灾害状态评价活动所使用的评价指标，应当是社会公认的或法律所认可的，其评价结论，是高速铁路组织采取"预控对策"系统开展活动的前提基础。

⑤监测、识别、诊断、评价的关系

监测、识别、诊断、评价这四个环节的预警活动是前后顺序的因果联系。监测活动是预警系统活动开展的前提，没有明确和准确的监测信息，后三个环节的活动就是盲目的，甚至是无意义的。

识别活动是至关重要的环节，它对现实灾害现象的判别，使高速铁路运营管理能在繁杂多变的致灾因素中确立预警工作重点，也使诊断和评价活动有明确的目标。诊断活动和评价活动是技术性的分析过程，它对主要灾害现象的成因与过程分析，以及灾害损失后果的评价，使高速铁路采取预控对策或危机管理对策时有科学的判识依据。整个预警活动过程，呈现一种前后有序、因果关联的关系。其中，监测活动中的监测信息系统，是整个预警管理系统所共享的，识别、诊断、评价这三个环节的活动结果都将以信息方式存入监测系统中。另外，这四个环节活动所使用的评价指标，也具有共享性和统一性。

(2)预警分析与预控对策的关系

预警分析的活动内容主要是识错、辨错，预控对策的活动内容是纠错、治错。两者的内在联系非常确定。

①预警分析系统与预控对策系统的基本关系

预警分析活动的四个环节和预控对策活动的三个环节，是明确的时间顺序关系和逻辑顺序关系。预警活动是高速铁路灾害预警管理系统完成其职能的基础，预控对策是其职能活动的目标，两者相辅相成，两者缺少任何一个方面，高速铁路灾害预警管理系统的职能便不能成立。两种活动中的所有环节(除危机管理环节)，是任何时期内进行预警管理活动不可缺少的，缺少一个，其活动过程就是不完整的，其职能实现就是残缺的。

预警分析活动的对象，是高速铁路在正常运营中的各种管理过程，是各种高速铁路灾害征兆。而预控对策活动的对象，则是已被确认的灾害现象，两个活动对象是有差异的。如果高速铁路已处于灾害状态，那么，预警活动的对象和预控活动的对象都是灾害状态中的运营灾害现象。不论高速铁路是处于运营常态还是灾害状态，预警分析的活动对象总是包容预控对策的活动对象，或者说，预控活动的对象总是对预警分析活动对象中的主要矛盾。

②预警分析与预控对策的沟通方式

在预警分析活动中，监测活动环节所建立的监测信息系统，既是预警活动各环节所共享的，也是整个预警系统所共享的。在预控对策活动中，组织准备活动环节所确立的运行方式与对策库，既是预控活动各环节所共享的，也是整个预警系统所共享的。而且，预控活动中的对策库（对策包括预备应用的对策方案和已采用对策的实施结果的总结评价），要纳入预警系统的监测信息库，它为监测过程中对监测结果进行科学分类、处理、储存提供判识的背景。两个活动之间的信息沟通主要是监测信息系统的运行。而这个信息系统又是高速铁路整体的管理信息系统的一个有机部分，它使预警管理系统的活动同高速铁路整体的管理活动联为一体。

预控对策活动中的组织准备环节，是联结两个系统活动的组织手段。两大系统内各自活动的程序、方式与手段，以及两大系统联结的方式与手段，都由"组织准备"环节所设定的组织运行方式所确定。而且，高速铁路灾害预警管理系统同高速铁路内部其他职能系统的关系也由"组织运行"方式所规定。组织运行方式，实际上规定两大活动环节的任务、目标与主要内容。总之，高速铁路灾害预警管理系统的活动是被程序、制度、标准所规定的统一化的连续管理过程。

3. 高速铁路预警管理系统的功能

（1）管理预警的特性与功能

由灾害后果的二重性作用，可以构建和规划出灾害预警的内在功能，即灾害预警的安全性、预报性、免疫性等本质属性。

（2）管理预警的功能模式

图 5.6 所构造的高速铁路灾害预警功能模式，具有特定的功能范围、辨错纠错指标和活动方式，并同高速铁路组织中的其他管理系统形成互有分工、职能互补的组织结构关系。将主要适用于下列四种情况的辨错和纠错问题：

①不需要经过高速铁路运输实践就应该初步加以识别的灾害现象

在高速铁路运营实践中，有些高速铁路灾害现象，无需经过高速铁路具体的实践就可以初步予以识别。比如，一种气象条件易诱发严重的行车事故，只要参照有关高速铁路安全的规定就可以判断其发生的概率和损失的程度，而大可不必去"试验"，验证这种恶劣条件下会不会不诱发行车事故。

②完全没有必要继续实践就能够予以识别的灾害现象

在高速铁路运输中，往往有许多被实践反复证明是错误的或不可行的管理行为。管理预警系统将吸收这些理性的经验（这些内容应被纳入预警系统中）。因此，对于高速铁路运输中已经发生的任何灾害现象，预警系统完全可以凭此判定它的发展过程与发生后果，从而确认这种管理活动是否应当停止或矫正。

③用正确的对策纠正灾害现象

尽管传统安全管理理论对高速铁路管理问题引起行车事故等灾害现象的研究有些疏漏，但它对高速铁路上人-车系统如何安全运行的成功规律及方法的探讨，是相当深刻和实用的，其研究方法也可以借鉴；尽管高速铁路运行的安全机理和成灾机理各有其规律性，两者不能互相替代，但两者相互转化并交互作用于高速铁路活动全过程的规律，却使前期对安全机理的研究结果能直接应用于对灾害状态(灾害现象)的矫正或转化活动中。因此,预警系统将广泛总结高速铁路实践中各种安全的对策方法,并纳入其对策库中。每当预警系统确认某种灾害现象并揭示其成因背景时,高速铁路预控对策活动便可用常规的正确对策手段,去制止或矫正灾害现象的发展,并使高速铁路运输恢复到正常运行状态。

④用错误的对策作参照去选择正确对策

传统灾害管理理论对高速铁路灾害现象规律性的认知缺陷,还难以对高速铁路发生的所有灾害现象都能提供成功对策。在这种情况下,寻找正确对策的有效方法之一,是对已被实践证明是错误的对策进行理性分析,辨别其错误的成因背景以及实施过程,从而明确什么样的对策是不可行的,然后再去搜寻可能的正确对策。这样,既可以降低高速铁路对未知问题的对策失误概率,也可以通过对比分折来确立评价对策的正确标准。

4.高速铁路灾害预警管理系统的运转模式

高速铁路交通灾害预警系统中的预警功能是对高速铁路灾害征兆的不良趋势进行监测与识别,再加以诊断,在此基础上进行预控,以免其步入危机状态。高速铁路交通灾害预警管理系统的运转,围绕着人、机、环境三个对象展开活动,以高速铁路灾害征兆的预警预控会产生两种结果:正确有效的管理过程将保证"安全状态"的维系;失效与错误的管理活动使事故与灾害发生,使其步入危机状态。此时,预警系统可以直接以"高速铁路灾害"为对象,采取"危机管理"方式,预警与预控活动的成功结果是高速铁路灾害征兆不良趋势得以有效抑制和消除并逐步呈现良性趋势运动,高速铁路运输组织进入安全状态;失败后果是高速铁路灾害征兆的不良趋势失去控制,发生事故和灾害,造成人员伤亡、财产损失或环境污染。高速铁路灾害预警管理系统的功能模式如图 5.7 所示。

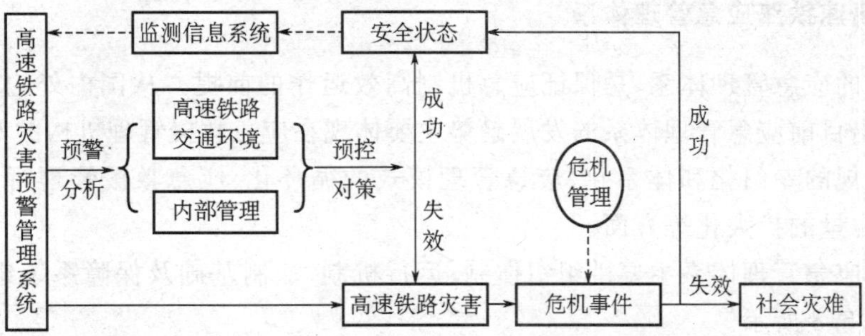

图 5.7 高速铁路灾害预警管理系统的功能模式

5.3 高速铁路应急管理技术

高速铁路的发展对确保高速铁路运营安全及应急管理提出了很高的要求。铁道部 2008

年应急管理工作要点中强调要以提高应急能力为主线，认真贯彻落实《突发事件应对法》，完善应急预案，健全体制机制，加快高速铁路应急体系建设，全面提高高速铁路应急管理水平，为全面深入推进和谐高速铁路建设创造良好环境。

5.3.1 高速铁路应急管理概述

应急管理是指对即将出现或者已经出现的灾害而采取的一系列必要救援措施，包括灾害发生前的各种备灾措施、紧急灾害期间的具体行动、灾害发生后的救灾工作，防止、避免和减少可能由于自然灾害和社会相互作用而导致灾害出现的减灾措施等。其目的就是尽最大可能通过科学的有效组织协调，来保护人民生命及财产安全，将经济财产损失降到最低程度，促进社会和谐健康发展的有关活动。

高速铁路事故以及其他突发事件的发生具有偶然性，一旦发生会给人们的生命财产以及高速铁路的正常运营造成巨大影响，甚至会导致二次事故的发生。因此，如何对高速铁路应急实施有效的管理，尽量预防和减少事故和突发事件的负面影响，是高速铁路运营管理的一个重要内容之一。

高速铁路应急管理的内涵包括预防、预备、响应和恢复四个阶段。预防是指从高速铁路应急管理的角度出发，防止突发事件或事故的发生、避免应急行动的相关工作；预备是指事故发生前采取的行动，目的是应对事故的发生，并提高应急行动能力、推进有效的响应工作，主要任务为制定应急预案及完善应急保障系统；响应是指事故发生后立即采取的行动，目的是保护生命、财产的损失降至最小程度；恢复是指在响应结束后立即进行，目的是使高速铁路运营恢复到正常状态或得到进一步改善。

5.3.2 高速铁路应急管理体系

构建科学的应急管理体系，是保证应急机制高效运作的前提。从国内外应急管理体系的建设，可以看出目前应急管理体系的发展趋势主要体现在应急救援管理机构的专业化、应急救援管理法律法规的专门化和体系化、应急管理模式的循环化、应急救援管理行为程序的规范化、应急救援力量的扩大化等方面。

高速铁路应急管理体系主要由组织体制、运行机制、法制基础及保障系统组成，其主要的建设内容如图 5.8 所示。

1.应急管理组织机构

组织体制建设包括管理机构、功能部门、指挥中心和救援队伍等内容。由于行政管理体制与法律制度不同，各发达国家在应急管理组织结构的设置与职能上，也不尽相同，可归纳为两类：一类是建立综合性强的应急管理机构，实行集权化和专业化管理，统一应对和处理危机，代表性的国家是美国、俄罗斯、日本等；另一类是实行分权化和多元化管理，在应急管理中实行多部门参与和合作，代表性的国家是英国、德国、澳大利亚、新西兰等。

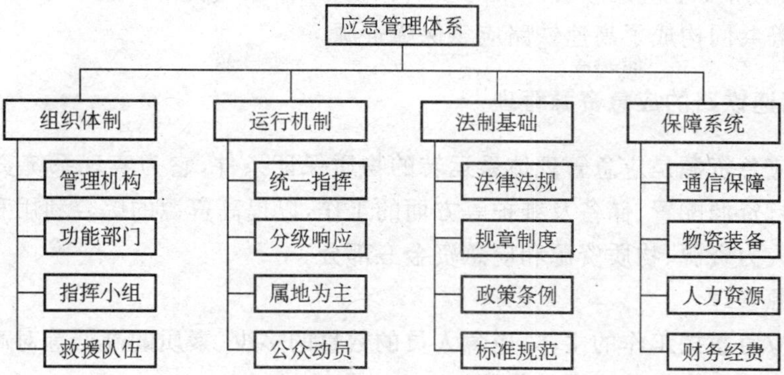

图 5.8 应急管理体系结构图

我国铁路应急预案管理根据铁路运营模式形成了三级体系,分别为铁道部、铁路局和铁路运输站段。

铁道部设有应急管理领导小组(下设应急管理办公室)、应急救援指挥中心(下设应急救援指挥办公室),负责全国铁路系统应急救援工作的组织、协调和指挥工作。

铁路局(公司)、专业运输公司的应急管理工作机构概括为:18 个铁路局(公司)、3 个专业运输公司,这些机构都设立了应急管理领导小组(下设应急管理办公室)、应急救援指挥中心(下设应急救援指挥办公室)。

铁路运输站段应急管理机构建设,针对基层现状提出了运输站段应急管理机构设置的指导意见,各铁路局、专业运输公司结合实际,确定了站段应急管理机构的设置。

2. 法律基础

应急法制建设是应急体系的基础和保障,有关的法规可分为紧急状态法、应急救援管理条例、政府法令和标准。基于法律进行应急管理是发达国家的成功经验,其应急管理的所有权限都由法律赋予,包括应急预案编制、审核和备案制度、信息发布和报告制度、应急救援制度等都应通过法律法规形式确定下来,建立一套完善的应急管理法律体系。

3. 应急预案

高速铁路应急预案应在现有法律和政府指令的要求下,按照事件类别和部门职责组织编制,实现基本覆盖各类突发公共事件,形成高速铁路应急预案体系。

4. 运行机制

应急运作机制包括统一指挥、分级响应、属地为主和公众动员。高速铁路事故的应急处置过程,应严格遵守各项事故救援规章制度,坚持事故应急处置的统一集中指挥和多部门配合的原则。

5. 应急保障

应急保障系统包括信息通讯、物资装备、人力资源和财务经费等。高速铁路应急保障包括救援列车、救援队等专业应急救援队伍的培训和教育、救援设备的采购和维护、应急资金的合理配备和使用等共同构成了高速铁路应急保障资源。

5.3.3 高速铁路的应急资源管理

高速铁路应急资源是应急管理体系运转的物质保证条件，它为实现系统资源的合理布局和动态调配进行资源配置、储备及维护等方面的工作，以提高资源的综合利用和使用效能。应急资源可分为人力资源、物质资源和应急资金三部分。

1. 人力资源管理

作为执行应急救援工作的主体，应急人员的数量的多少、素质的高低等对高速铁路整个应急救援工作的开展具有举足轻重的作用。

人力资源一般由应急管理人员、应急专家、应急专业人员等组成。

(1)应急管理人员

在我国，高速铁路应急管理人员包括铁道部、铁路局和基层站段的应急管理领导小组及办公室的全体成员、应急救援指挥领导小组及办公室的全体成员等。因应急管理人员大多是都是兼职，因此，需要对应急管理人员进行系统的应急管理培训，从而提高应急工作能力和效率。

(2)应急专家

在我国三级应急机构设立应急专家库，吸收现场工作人员、科研院校专家等为应急工作提供专业咨询，提高应急方案的科学性和正确性，减少应急代价。

(3)应急专业人员

我国各铁路局都设置有救援车间，下设救援列车、救援队等专业应急救援队伍。救援列车除了机车以外，还包括起重吊车、工程材料车、工具车、发电车、宿营车等。救援列车的主要任务是安全迅速地起复机车、车辆，清理线路的障碍，开通线路，恢复行车。救援列车配有一定数量的专业人员，日夜有人值班。救援列车经常处于整备待发状态。一旦发生事故，一声令下，立即出动。跟有关部门和人员密切配合，共同努力，以最快的速度、最短的时间，抢救伤员，处理事故，排除障碍，开通高速铁路，恢复行车，尽量减少事故损失，尽快消除事故对高速铁路运输的干扰和影响。

救援队为不需要出动救援列车时，单独出动即能起复和处理一般脱轨事故的组织。

2. 物质资源管理

作为开展应急救援工作的工具和手段，物质资源保障的充分到位，可以大大提高救援工作的效率，避免事故的进一步扩大。高速铁路各站段、救援基地均配备了救援设备、物资。因此，必须逐步建立应急物资的储备、调配网络，保证处理各类事故所需的重点物资和设备的供应。我国铁路应急救援队伍根据业务和服务范围，按照规定和标准，配备各类救援装备和器材，在指定的救援列车基地、队伍或培训演练基地内储备必要的特种装备，保证应急救援特殊需要。

3. 应急资金管理

高速铁路应急机构的日常运行、应急物资设备的配置、应急救援过程等都需要投入一定的人力、物力和财力，因此，应急救援工作需要有一定的资金保障，否则应急管理工作很难进行和开展。应加大应对重大事故工作的资金投入力度，完善应急资金的拨付和使用制度，建立重大事故专线资金制度以及中长期重大事故应急准备基金，并对应急保障资金的使用和效果进行监管和评估。

应急救援工作需要车、机、工、电、辆等各个部门的参与，需要十分齐全的应急资源。按照资源的归属，高速铁路突发事件应急资源可分为两大类：内部资源（高速铁路自身拥有的各种软硬件资源）和社会资源（非高速铁路拥有的各种软硬件资源）。

4. 社会资源管理

由于事故发生地点的地形或救援时间的限制，也十分需要社会资源来配合高速铁路事故救援，包括事故发生地点附近消防部门的配合，发生事故地点附近厂矿企业的起重设备的借用，有时需要事故现场附近医院对伤员进行及时救治，甚至需要高速铁路附近部队对救援工作给予支持等。

应急资源布局和调度是应急资源管理的主要内容。应急资源的布局是指根据各种潜在危险源的分布，在综合时间、成本和能力等因素的基础上，按照一定的规划方式，预先把一定种类和数量的应急保障资源放在选定的地点。应急管理中的应急资源布局力图解决的问题是应急资源（如救护车、医疗机构、消防点、巡逻警车、警力等应急资源）的地址应当选择在何处，每一个地址上应当配置多少资源，才会在应急管理中使得资源的供应量达到最大或最优。

5.3.4 高速铁路应急预案管理

根据高速列车运行带来的技术条件和技术标准的新变化，铁道部对铁路运输安全生产应急预案进行了修订和完善。

一是对《国家处置铁路行车事故应急预案》以及《铁路交通伤亡事故应急预案》、《铁路灾事故应急预案》、《铁路危险化学品运输事故应急预案》、《铁路网络与信息安全事故应急预案》等5个铁路事故灾难类应急预案，按照时速200～250 km的标准和条件，进行全面修订和完善。

二是专门制定了《铁路200～250 km/h动车组突发事件应急预案（试行）》，明确了时速200～250 km动车组突发事件应急处置的原则和要求，以及各个专业的工作程序和标准。

三是各铁路局、专业运输公司及运输站段普遍修订完善了适应高速条件的安全生产应急预案，并细化为具体的工作程序，明示到各行车岗位，便于遵照执行，进一步完善了铁道部、铁路局、运输站段三级铁路安全生产应急预案体系。

5.3.5 高速铁路应急管理法律法规

2007年为了规范和加强铁路交通事故的应急救援工作，最大限度地减少人员伤亡和财产损失，尽快恢复铁路运输秩序，依据《铁路交通事故应急救援和调查处理条例》（国务院令第 501 号)及国家有关规定,铁道部制定了《铁路交通事故应急救援规则》。该规则明确,事故应急救援工作应当遵循“以人为本、逐级负责、应急有备、处置高效”的原则。对组织机构的职责、信息的报送流程、紧急处置、救援响应、现场救援、善后处理和处罚条例等做出了明确的规定。

5.3.6 高速铁路应急技术评估与演练

高速铁路应急管理体系的有效性可以通过绩效评估和应急演练这两种方式来进行检验。高速铁路应急技术评估主要包括两部分内容:应急预案评估、应急能力评估。

1.应急预案评估指标

(1)指标建立的原则

高速铁路应急预案综合评价指标体系的研究,要在对高速铁路应急预案评价特点充分认识的基础上,坚持科学、系统、合理、定量与定性相结合的原则,力争全面评价应急预案的各方面的情况。

(2)高速铁路应急预案评价指标体系

根据实际情况,高速铁路应急预案评价指标体系如下:

①预案的全面性(B_1)

该一级指标下包含的二级指标有:沿线突发事件设想的针对性(C_{11})、救援方案的完备性(C_{12})、救援组织机构职责的明确性(C_{13})、救援人员调配的合理性(C_{14})、救援部门间的协作性(C_{15})、相似处置流程的合并性(C_{16})、并发突发事件处置的切换性(C_{17})、预案文字的可读性(C_{18})。

②预案的可操作性(B_2)

该一级指标下包含的二级指标有:预警报警的有效性(C_{21})、信息报送流程的清晰性(C_{22})、应急资源管理的可追踪性(C_{23})、实施步骤的合理性(C_{24})、处置突发事件的快速性(C_{25})、处置突发事件的有效性(C_{26})、后期处置的全面性(C_{27})、保障措施的有效性(C_{28})、预案更新的递增性(C_{29})、演练的针对性(C_{210})、事故分析的深入性(C_{211})、考评指标的公正性(C_{212})。

③经济性(B_3)

该一级指标下包含的二级指标有:应急资源的耗损(C_{31})、应急费用的合理性(C_{32})。

综上所述可知,高速铁路应急预案综合评价指标是一个多层次、多指标的层次结构体系,具体评价指标体系如图 5.9 所示。

2.应急能力评估指标

(1)建立的原则

构建一个完整客观、科学合理的目标评价指标体系是一件系统化的项目,指标的选取应遵循可测性、实用性、一致性、完备性、可比性、独立性和可操作性等原则。

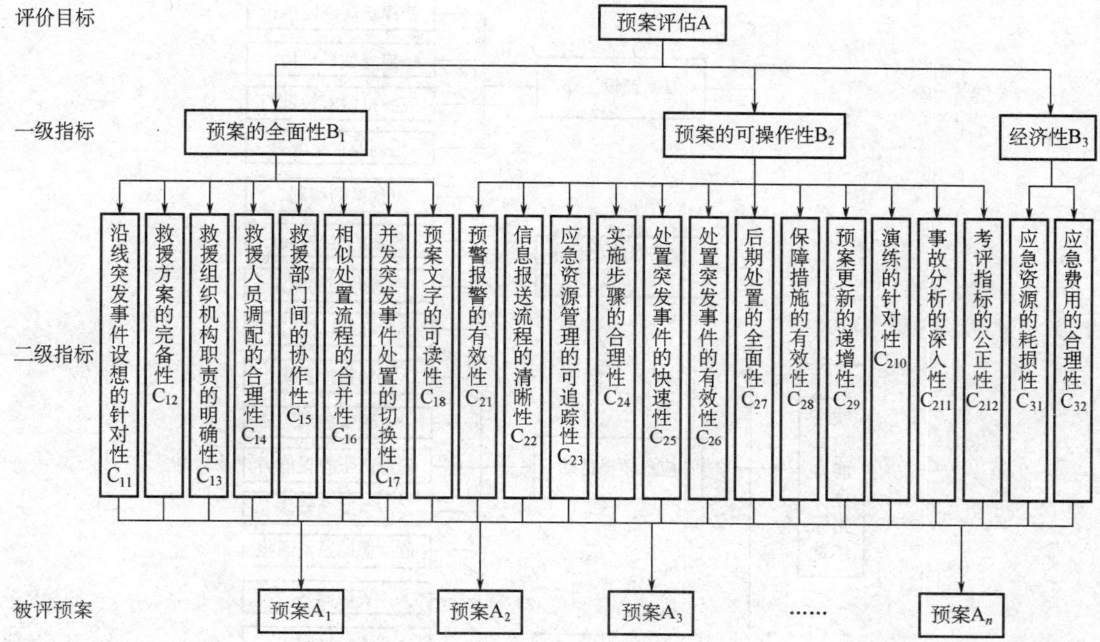

图 5.9 高速铁路应急预案评价指标体系

(2)评价指标

高速铁路是一个线性结构,可能发生的灾害范围较广,既包括地震、洪水等自然灾害,也包括生产事故、危险品运输等技术灾害,还包括重大突发公共卫生事件等社会灾害。因此,描述高速铁路的灾害应急救援能力不是针对单个灾害的能力,而是应对多种灾害或突发事件的能力,对灾害应急救援能力的评价也应首先反映在灾害救援类型的多种多样上。因此,高速铁路应急能力是一项全方位的工作,涉及日常建设工作、预案管理及演练实施、应急救援行动、应急资源装备及支持及恢复阶段五个方面,如图 5.10 所示。

日常建设工作的主要指标包括:法律法规制定、应急领导机构、应急抢险救援部门、培训及宣传教育。预案管理及演练实施的主要指标包括:预案的编制、预案的维护、演练计划的制定及演练实施。应急救援行动的主要指标包括:现场指挥系统、预案的启动、应急队伍的救援能力、应急联动系统的运行及危险源的监测。应急资源装备及支持的主要指标包括:资源储备、通信保障、相关技术支持及资金保障。恢复阶段的主要指标包括:善后处置及恢复、事后总结分析及相关奖励与惩罚。

3.评价方法研究

近 20 年来,综合评价技术的理论研究与实践活动有了很大的发展,新的方法时有提出,旧的方法也在不断改进或优化。从最初的评分评价、组合指标评价、综合指数评价法、功效系数

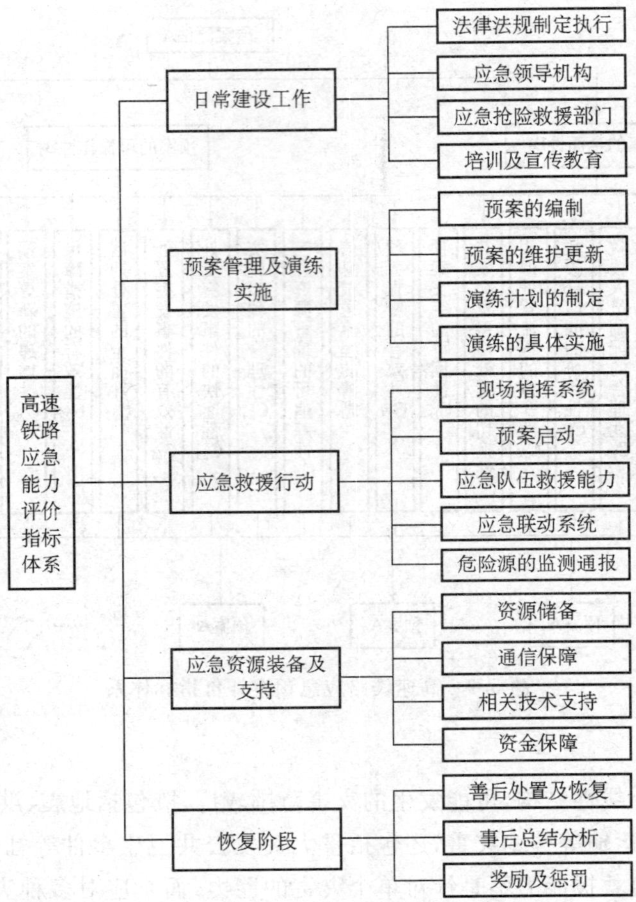

图 5.10 高速铁路应急能力评价层次结构图

法到后来的多元统计评价法、模糊综合评判法、灰色系统评价法、AHP 法，再到近几年来的 DEA 法（数据包络分析）、ANN（人工神经网络）法等，评价方法日趋复杂化、数学化、多学科化，使之成为一种边缘性的科学技术。表 5.4 列举了一些常用的综合评价方法，本节将对其中一些主要方法的研究现状进行阐述。

表 5.4 常用综合评价方法

类别	方法
常规综合评价方法	(1)多因素加权平均法(2)德尔菲法(3)约束法(4)优序法(5)视图法(6)线性分配法(7)逻辑选择法(8)专家评分法(9)两两比较法法(10)多目标决策(理想解法 TOPSIS、功效系数法)
经济分析法	(1)综合效益指数法(2)费用效益分析(3)投入产出分析(4)生产函数法

续上表

类别	方法
数学方法	(1)运筹学方法:数学规划、层次分析法 AHP、数据包络分析 DEA、排队论等 (2)数理统计法:回归分析、相关系数检验法、投影寻踪法、多元统计分析(主成分分析、因子分析、聚类分析、判别分析)等 (3)信息论方法:绝对熵值法、相对熵值法等 (4)模糊数学理论:模糊评判、模糊序、模糊聚类、模糊距离模型等 (5)灰色系统理论:灰色统计、灰色聚类、灰色关联分析、灰色局势决策法、灰色层次评价等 (6)物元分析理论:物元神经网络、可拓聚类分析、模糊灰色物元等
基于计算机技术的方法	(1)人工神经网络(2)小波网络(3)专家系统(4)计算机仿真(5)系统动力学

将上述综合评价方法的优缺点进行比较见表 5.5。

表 5.5 综合评价方法优缺点分析

综合评价方法	优点	缺点
专家评分法	简单方便,易于使用	主观性强
多目标决策法	方法严谨,评价者能明确表达自己的偏好	对于某些涉及模糊因素、评价者难于确切表达自己的偏好和判断的评价问题的求解有一定的困难
经济分析法	含义明确,便于不同对象的对比	计算公式或模型不易建立,对于涉及较多评价因素的评价对象,很难给出一个统一于一种量纲的公式
层次分析法	定性与定量相结合,便于决策者之间的沟通。消除了权重确定的随意性,可靠性高、误差性小。	对于因素从多、规模较大的情况,容易出现问题。
数据包络分析	避免了确定各指标在优先意义下的权重,排除了主观因素,具有很强的客观性。	计算过程复杂,不便于进行大规模的频繁批量计算,容易出现与现实严重脱节的评价结果。
投影寻踪法	能通过样本数据驱动探索性数据分析	不适于使用定性评价数据进行评价,采用样本数据挖掘指标权重的局限性
模糊数学法	较好地解决综合评价中模糊性问题,可最大限度的减少人为因素,较好反映方案的实际情况	不能解决评价指标之间的相关性而造成的评价信息重复问题
灰色系统法	善于在信息缺乏的情况下,加深对系统的认识,获取更多信息	缺乏定量分析,主观性较强
人工神经网络	适合用来处理涉及模拟量、不精确的计算以及只需要好的近似解的这类问题	需要大量数据进行验证,如果数据缺乏,则可能失效。

4.高速铁路应急演练

前面所述的应急技术评估仅仅是静态的评估方法，只能从现有体系的逻辑结构、应对措施的逻辑顺序、应急资源的配置情况等方面来进行评估，但这种方法并不全面。例如，各部门之间的协作配合是否熟练、应急信息的采集和传输是否畅通、信息分析是否有效等方面无法从体系的评价中得到结果。而应急演练则可以让救援人员熟悉应急救援预案的实际操作，还可以验证应急预案的合理性，及时发现其存在的问题。

应急演练是指针对假设事件，执行实际紧急事件发生时各自职责和任务的排练活动。应急演练既可以是铁路每个部门内部进行，也可以是由多个部门、组织组成的群体进行。

高速铁路应急演练主要包括以下几项内容：

(1)开展多层次人员培训

对动车组司机、动车组机械师、动车组客运服务人员等进行集中培训，各铁路局对提速区段关键岗位人员进行脱产培训运输生产站段以《技规》、《行规》、《站细》、《段细》为重点，有针对性地开展岗位适应性培训。

(2)强化实作技能培训

以操作维修基本技术、故障处理、应急处置为重点，制定行车各主要工种人员的实作培训方案，开展模拟训练和实作演练，提高实际操作水平。为保证动车组列车开行需要，组织编写动车组司机、动车组机械师、动车组客运人员的培训考核大纲，在理论培训合格的基础上，严格进行实作训练。

(3)加强应急演练

健全完善应急预案演练制度，明确规定每个预案每年至少演练1次；铁路局、专业运输公司每年要至少组织综合演练2～3次。

总之，应急演练是检测重大事故应急管理工作的最好度量标准，但是由于演练的成本很高，不可能经常进行，绩效评估可以弥补这一缺陷。因此应急管理体系绩效检验应将两个方面结合起来，起到互相补充的作用，从而达到较好的评估效果。

5.3.7 高速铁路应急救援体系

1.高速铁路事故应急救援体系

高速铁路应急救援准备工作，主要是抓好组织机构、人员、装备三落实，并制定切实可行的工作制度，使救援的各项工作达到规范化管理。事故应急救援工作涉及众多部门和多种救援队伍的协调配合，为有序实施事故救援，应建立起行之有效的应急救援体系。应急救援体系主要包括应急救援组织机构、应急预案、事故通报流程和内容、应急响应等级、应急通信设备、应急救援设备和应急资源等内容。

2.应急救援组织机构

铁道部突发事件应急领导小组(以下简称应急领导小组)的组成单位，如图5.11所示。

(1)运输局

在应急领导小组的统一领导下,负责指导、协调高速铁路事故灾难应急救援及相关设备故障应急处置工作。

(2)办公厅

负责协助部领导处理有关事故灾难、信息收集和协调指挥等工作。

(3)安全监察司

负责组织事故调查处理工作。

(4)公安局

具体负责治安保卫工作。

(5)劳动和卫生司

负责组织协调医疗救护工作。

(6)政治部宣传部

负责对外新闻报道工作。

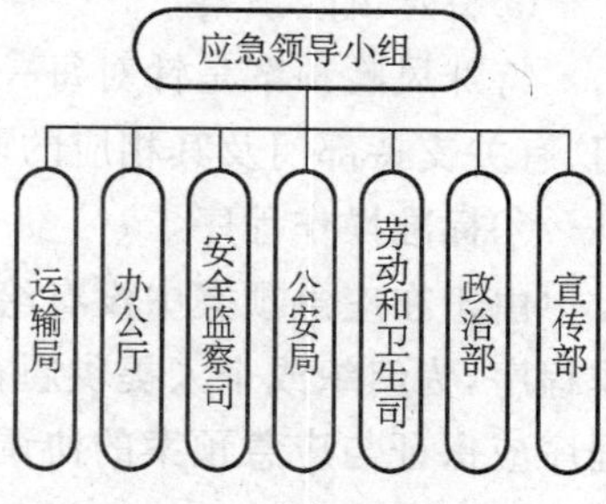

图 5.11　应急救援组织机构

3. 应急预案

(1)应急预案基本结构

综合预案、专项预案和站段预案由于各自所处的层次和适用的范围不同,其内容在详略程度和侧重点上会有所不同,但都可以采用相似的基本结构。采用基于应急任务或功能的"1+4"预案编制结构(如图 5.12 所示),即一个基本预案加上应急功能设置、特殊风险预案、标准操作程序和支持附件构成,以保证各种类型预案之间的协调性和一致性。

①基本预案

基本预案是对应急预案的总体描述,主要阐述应急预案所要解决的紧急情况,应急的组织体系、方针、应急资源及应急的总体思路,并明确各应急组织在应急准备和应急行动中的职责以及应急预案的演练和管理等规定。

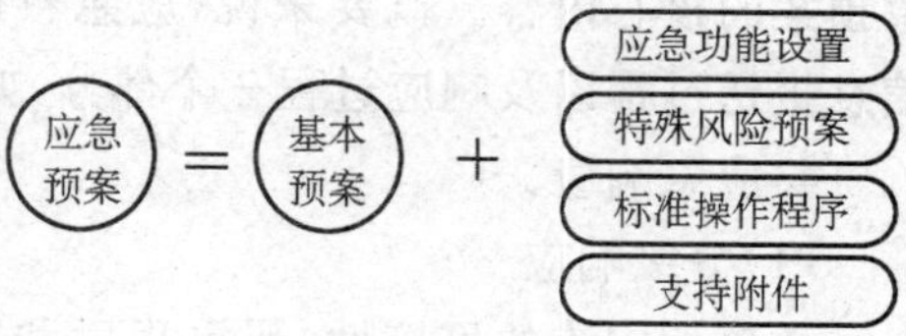

图 5.12　预案基本结构

②应急功能设置

应急功能是对在各类重大事故应急救援中通常都要采取的一系列基本的应急行动和任务而编写的计划,如指挥和控制、警报、通信、人群疏散、人群安置、医疗等。它着眼于高速铁路对突发事故响应时所要实施的紧急任务。由于应急功能是围绕应急行动的,因此它们的主要对象是那些任务执行机构。针对每一应急功能,应明确其针对的形势、目标、负责机构和支持机构、任务要求、应急准备和操作程序等。应急预案中包含的功能设置的数量和类型因地方差异会有所不同,主要取决于所针对的潜在重大事故危险类型以及高速铁路的应急组织方式和运行机制等具体情况。尽管各类重大事故的起因各异,但其后果和影响却是大同小异。例如,地震、洪灾和飓风等都可能迫使人群离开家园,都需要实施"人群安置与救济",而围绕这一任务或功能，可以基于高速铁路共同的资源在综合预案上制定共性的计划，而在专项预案中针对每种具体的不同类型灾害，可根据其爆发速度、持续时间、袭击范围和强度等特点，只需对该项计划作一些小的调整。同样，对其他的应急任务也是相似的情况。而关键是要找出和明确应急救援过程中所要完成的各种应急任务或功能，并明确其有关的应急组织，确保都能完成所承担的应急任务。

③特殊风险预案

特殊风险预案是针对每一种类型的可能发生的重大事故风险，明确其相应的主要负责部门、有关支持部门及其相应的职责，并为该类专项预案的制定提出特殊要求和指导。

④标准操作程序

由于在应急预案中没有给出每个任务的实施细节，各个应急部门必须制定相应的标准操作程序，为组织或个人提供履行应急预案中规定的职责和任务时所需的详细指导。标准操作程序应保证与应急预案的协调和一致性，其中重要的标准操作程序可附在应急预案之后或以适当的方式引用。

⑤支持附件

主要包括应急救援的有关支持保障系统的描述及有关的附图表。

(2)应急预案流程化分析

高速铁路应急预案是高速铁路突发事故应急救援的指路灯，它涵盖了各类突发事件应急救援的救援流程，救援人员可通过应急预案上预先设定的各种情况的处置方案，开展相应的救援工作。因此，应急救援流程是应急预案的核心内容。概要来说，应急救援流程包括报接警过程、信息报送过程以及响应过程三个部分，如图 5.13 所示。

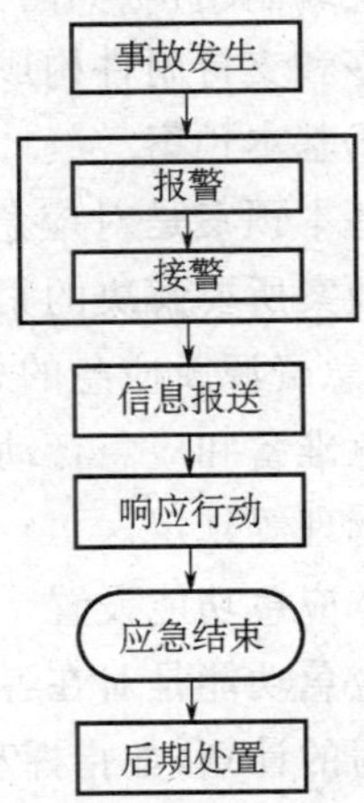

图 5.13　应急救援流程图

4.应急响应

(1)分级响应

按事故灾难的可控性、严重程度和影响范围，高速铁路事故分级响应按照《国家处置铁路行车事故应急预案》处理。

当高速铁路事故涉及以下情况时，根据需要，启动相应的应急预案：

①涉及列车重大火灾的事故，启动《铁路火灾事故应急预案》。

②涉及恐怖袭击、重大破坏案件的事故，启动《铁路处置恐怖袭击、重大破坏案件应急预案》。

③涉及防洪、地震和其他地质灾害等自然灾害的事故，启动《铁路防洪应急预案》、《铁路破坏性地震应急预案》、《铁路地质灾害应急预案》。

(2)应急响应程序

当高速列车发生冲突、脱轨、火灾或爆炸事故后，有关人员应立即报铁道部运输局调度员和铁道部安全监察司值班监察，最迟不得超过事故发生后1 h。铁道部运输局调度员接到事故通报后，立即报告值班处长。值班处长和安全值班监察接到报告后，应立即报告本部门负责人、总调度长、铁道部应急管理办公室（铁道部办公厅部长办公室）；由铁道部应急管理办公室（铁道部办公厅部长办公室）报告主管副部长和部长，根据情况及时通知铁道部应急领导小组其他成员。

(3)应急结束形式

当行车事故发生现场对人员的危害性消除，伤亡人员和旅客、群众已得到医疗救护和安置，列车恢复正常运输后，经现场救援指挥部批准，现场应急救援工作结束。应急救援队伍撤离现场，按"谁启动、谁结束"的原则，宣布应急结束。完成行车事故救援起复后期处置工作后，现场救援指挥部要对整个应急救援情况进行总结，并写出报告报送铁道部应急中心。

5. 高速铁路应急信息服务

高速铁路应急通信系统的组成包括抢险现场设备、车站侧设备和应急中心设备。

(1)抢险现场设备

现场应急设备为现场的图像、电话、数据等各类业务提供承载平台，包含现场影音采集设备、现场有线应急接入设备、现场无线 PBX 设备以及采用无线接入、卫星接入方式时配备无线宽带数传设备和现场卫星接入设备。

(2)应急通信综合接入设备

与现场接入设备配套使用，包含有线应急接入设备、无线宽带数传设备。两者都需要所在车站有转接至应急指挥中心的 2 M 通道。

(3)应急中心设备

应急中心设备和现场设备配套使用，包含综合接入设备、流媒体服务器以及网管、客服系统，当采用卫星接入方式时还需配置卫星接入设备。

高速铁路应急通信综合接入系统根据不同的现场环境，可采用有线接入、无线接入、卫星接入、综合接入等不同的传输接入手段进行组网运用，并可根据铁路通信网现状配置应急通信业务平台设备。

高速铁路均设有长途光缆通信线路，在沿线每 6 km 左右设有光传输接入设备，并设有GSM-R 无线通信系统。由于区间光传输接入点较多，建议现场配置 3 kin 的软光缆加 PDH 光传输设备就可实现光缆有线接入，也可利用备用应急电缆加 HDSL 设备的有线传输接入方式组网。另外由于设有 GSM-R 通信网络，可通过 GSM-R 系统进行语音及静图传送。

6. 高速铁路应急宣传、培训和演练

(1)宣传教育

各铁路局要积极利用电视、广播、报刊等新闻媒体，广泛宣传应急法律法规和公众避险、自救、互救知识，提高公众自我保护能力和守法意识。要结合铁路行业实际，全面开展宣传教育工作，提高全体职工的安全意识。

(2)培训

按照分级管理的原则，铁道部、铁路局要组织各级应急管理机构以及专业救援队伍的人员进行上岗前培训，定期进行救援知识的专业培训，提高救援技能。

(3)演练

铁路局要有计划地按应急救援要求每年进行一次演习和演练。根据需要，铁道部可开展铁路局间的工作交流，提高铁路应急处置实战能力。

7. 高速铁路事故救援设备

(1)轨道起重机

轨道起重机是高速铁路交通事故的主要其中救援设备。原来配备的蒸汽轨道起重机由于设计结构陈旧、起重能力低下，不能适应新型机车车辆的救援起复需要，已被淘汰。目前全路配置的内燃轨道起重机主要有：NS1002 型 100 t 固定臂式起重机，NS1003 型 100 t、NS125 型 125 t 伸缩臂式起重机，NS1601 型、NS1602 型 160 t 伸缩臂式起重机。2007 年我国开始引进 KRC1600 型 160 t 伸缩臂式内燃化、大吨位、高科技轨道起重机，全路救援装备正在进入一个内燃化、大吨位、高科技的发展阶段。目前，我国常用的轨道起重机如图 5.14 所示。

图 5.14 轨道起重机

(2)牵引复轨工具

复轨器是高速铁路交通事故中机车车辆脱轨后的一种主要救援起复工具，应用非常广泛。除在救援列车和车站救援队配置外，并在机车、动车组和重型轨道车上配备。复轨器的型号较多，目前应用比较广泛的有新式人字形复轨机、海参型复轨器、S-1 型双向铝合金复轨器、端面复轨器等。近年来，各铁路局为适应线路轨枕变化和新型机车车辆救援起复的需要，相继研发了高强度轻便式复轨器、逼引式复轨器(如图 5.15 所示)、液压复轨器(如图 5.16 所示)等新型救援设备，经现场运用效果良好，已在全路推广应用。

图 5.15 逼引式复轨器

图 5.16 液压复轨器

(3)预移复轨工具

千斤顶是一种简单而又适用的救援起复工具,在事故救援作业中发挥着重要辅助作用。千斤顶分为螺旋、液压、横移式千斤顶等,救援作业中常用的有 30 t、50 t、100 t 等几种起重吨位的千斤顶。

液压起复机具有一种新型的超高压的救援起复设备(液压千斤顶、液压复轨器、液压侧顶扶正机具和液压牵引机等),分为机动式和手动式两种,适于在电气化区段、隧道、桥梁及特殊地段的救援起复作业,已在救援列车和车站救援队配置应用。图 5.17、图 5.18 所示为两种千斤顶。

图 5.17 螺旋式千斤顶

图 5.18 液压式千斤顶

(4)吊索具

钢丝绳是事故救援作业中经常使用的一种挠钩构件。轨道起重机起重作业、吊件捆绑、机车车辆转向架索具以及利用钢丝绳牵引车辆复轨时都需要使用钢丝绳。合成纤维吊带作为一种新型吊装工具,具有重量轻、载荷量大、使用方便等优点,已在事故救援工作中广泛应用,如

图 5.19 所示。除上述介绍的主要救援设备机具外，还有部分救援辅助设备机具，如起重机组合式支腿垫块、简易组合式台车、液压牵车机、机车车辆抬轮器、多功能起重气袋、便携式等离子束切割机（如图 5.20 所示）、声控式无线指挥系统等，在事故救援中配合应用，不仅提高了救援起复作业效率，而且为尽快开通线路提供了良好的条件。

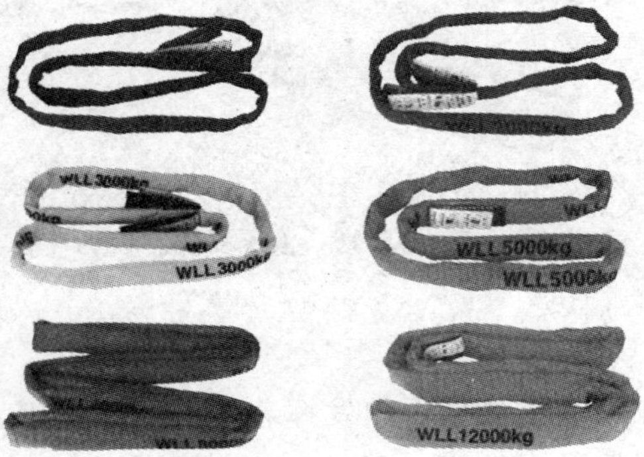

图 5.19　合成纤维吊带

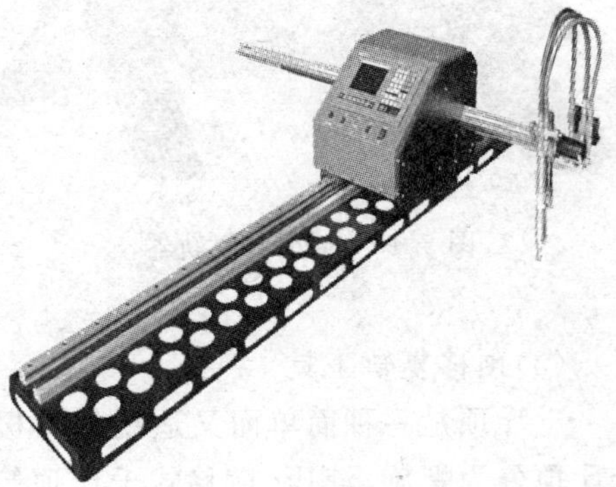

图 5.20　便携式等离子束切割机

8. 应急资源

应急资源主要包括应急队伍、应急物资、应急装备与技术、应急工程等。应急资源的合理布局和快速调度在高速铁路应急管理决策中至关重要。应对和处理高速铁路突发事件，只有在应急资源需求分析的基础上，综合分析应急资源需求的结构和数量，在平战结合和全社会资源统筹协调原则下，对有限的应急资源合理选址与配置，才能及时有效地调动全社会资源，真正提高资源保障能力，从而使高速铁路突发事故损失减到最少。

9. 事故恢复与善后

当应急阶段结束后，从紧急情况恢复到正常状态需要的时间、人员、资金和正确的指挥，通常情况下，重要的恢复活动包括事故现场清理、恢复期间的管理、事故调查、现场的警戒与安全、安全和应急系统的恢复、人员的救助、法律问题的解决、损失善后的评估、保险与索赔、公共关系等。

复习思考题

1. 高速铁路运营安全评价的重要性分析。
2. 高速铁路运营安全评价指标的划分原则。
3. 与高速铁路运营安全相关的要素有哪些？

4. 高速铁路与一般铁路在运营安全评价过程中有哪些不同点？

5. 高速铁路应急管理体系都包括哪些内容？

6. 高速铁路致灾因素有哪些？

7. 试分析高速铁路事故特点。

8. 高速铁路预警分析及预控对策技术分别包括哪些内容？

9. 试分析预警管理系统的作用。

10. 试分析高速铁路应急救援体系框架。

6 高速铁路运营安全保障系统

安全是一切交通运输方式的先决条件，是高效运输和持续发展之本，是铁路运输的生命保障。高速铁路作为铁路运输的一种新形式，具有运行速度高、运行密度大的特点，对行车安全保障系统提出了更高、更具特色的要求。

一方面，与传统铁路一样，高速铁路需要有效地管理铁路运输各个业务部门在生产调度、指挥等日常工作中的业务信息，这就需要设计优良、功能完备的车务、电务、工务管理系统的支持，以保证铁路线路、机车车辆、牵引供电以及通信信号等设备的高安全性。

另一方面，高速铁路还要对各种可能发生的灾害，如自然灾害——强风、暴雨、大雪及地震等突发性灾害——塌方、泥石流、异物侵入限界、非法侵入等，实施全面的监测，即建立防灾安全监测系统，实施全面、准确、实时的安全监控、预防灾害的突然袭击。同时，高速铁路安全保障系统必须能够针对各类灾害监测的原始信息，通过数据处理、分析判断后，传送到应急救援指挥系统进行确认和处理。根据灾害的性质和等级，对运行中的列车实施预警、限速运行或者是终止运行，以保障列车的绝对安全。一旦发生安全事故，安全保障系统能够根据信息分析处理的结果，通过启动现有预案、提供决策支持等方式指导应急救援工作的展开。

因此，高速铁路运营安全保障系统是一个包括多个独立运行并互相补充的集合体。根据各个系统在高速铁路运营安全保障中所处的位置和所主要完成的功能的不同，主要从列车实时运行控制、周边环境和灾害的监测与预警、各种设施的检测与诊断以及在发生突发事件情况下的救援和减灾等方面来介绍。从总体上说，高速铁路运营安全保障系统包括了人-机-环-管的主要部分。

6.1 列车运行控制系统

6.1.1 列车运行控制系统的基本原理

列车运行控制系统主要是以技术手段对列车运行方向、运行间隔和运行速度进行控制，使列车能够安全运行且提高运行效率，列车运行控制系统地面设备和车站联锁设备主要实现联锁控制功能，并生成列车控制所需的基础数据，通过车—地信息传输通道将地面控制信息传送给列车，经列车运行控制车载设备进行处理后，生成列车速度控制曲线，监督控制列车安全、高速运行，简称列控系统。

列车运行控制系统结构图如图 6.1 所示。

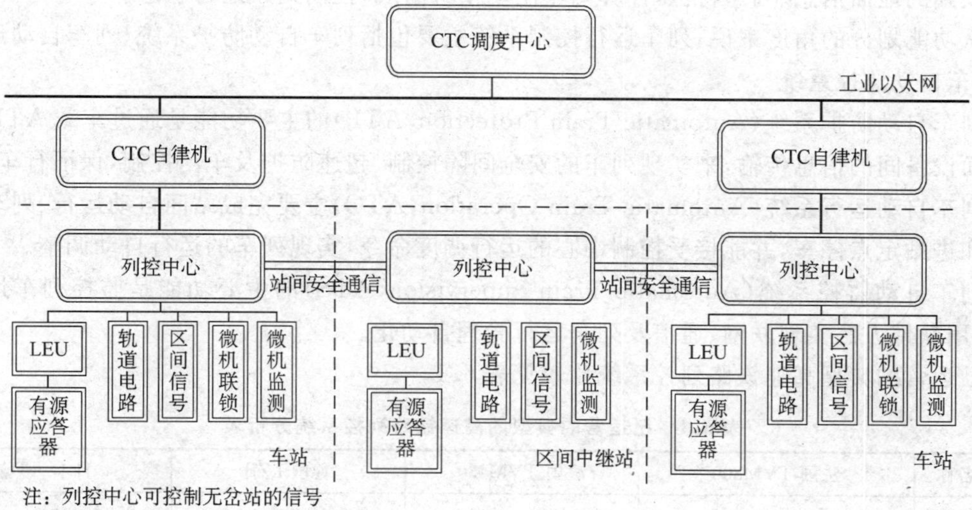

图 6.1 列车运行控制系统结构图

列车运行控制系统外部接口形式如图 6.2 所示。

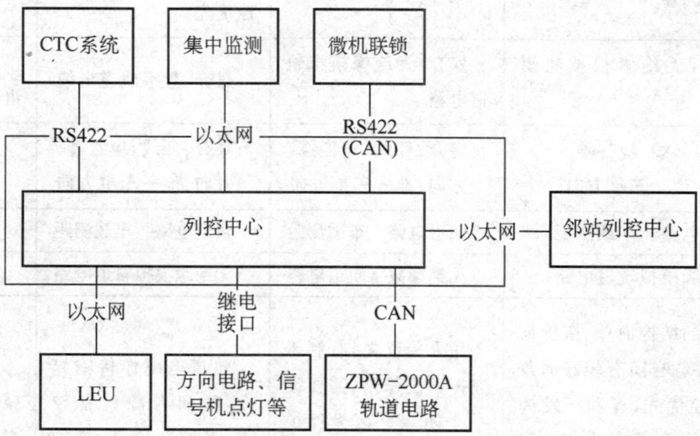

图 6.2 列车运行控制系统外部接口形式图

6.1.2 列车运行控制系统的组成

从设备的角度来说，列车运行控制系统主要由地面设备和车载设备组成。地面设备主要检查列车在区间的位置，形成速度信号，向列车传送允许速度、线路参数等信息。车载设备主要由天线、信号接收单元、制动控制单元、司机控制台显示器、速度传感器等组成。车载设备根据接收到的地面信息、列车特性，计算列车制动模式曲线，控制列车运行状态。

从功能划分的角度来说，列车运行控制系统主要包括列车自动防护系统、列车自动运行系统、列车自动监控系统。

列车自动防护系统(Automatic Train Protection，ATP)的主要功能是通过车载ATP系统和地面设备间的信息传输，来实现列车的安全间隔控制、超速防护及车门控制，保证行车安全。

列车自动运行系统(Automatic Train Operation，ATO)主要完成站间自动运行、列车速度调节和进站定点停车，并能接受控制中心的运行调度命令，实现列车的运行自动调整。

列车自动监控系统(Automatic Train Supervision，ATS)的主要功能是监控列车运行状态，采用软件方法实现联网、通信及列车运行管理自动化。

已运营的典型高速铁路列控系统比较见表6.1。

表6.1　已运营的典型的高速铁路列控系统分析表

设备名称	法国TVM300	法国TVM430	德国LZB	日本ATC
最高运行速度	270 km/h	320 km/h	270 km/h	270 km/h
闭塞方式	固定闭塞	固定闭塞	固定闭塞	固定闭塞
制动模式	阶梯方式	分级连续式	连续速度控制式	阶梯方式
控制方式	人控优先	人控优先	可选人控优先或机控优先	机控优先
安全信息传输	媒介：无绝缘模拟轨道电路	媒介：无绝缘模拟轨道电路	媒介：数字轨道电缆	媒介：有绝缘模拟轨道电路
其他信息传输方式	媒介：环线、应答器 方向：地—车单方向	媒介：环线、应答器 方向：地—车单方向	媒介：环线、应答器 方向：地—车单方向	媒介：环线、应答器 方向：地—车单方向
列车定位	轨道电路　车载测距	轨道电路　车载测距	轨道电路　车载测距	轨道电路　车载测距
区段占用	无绝缘模拟轨道电路	无绝缘数字轨道电路	无绝缘模拟轨道电路	有绝缘模拟轨道电路
系统特点	系统的结构简单、造价低廉；与移频自闭有较好的兼容；人控优先，有利于发挥司机的作用；需要设一个闭塞分区为保护区段，对通过能力有影响	用人控优先，有利于发挥司机作用；需要设一个闭塞分区为保护区段，对通过能力有影响	轨道电缆作传输媒介，区间有源设备较多，系统造价高，维护较困难	机控优先方式有利于减轻司机负担，但对列车制动系统要求较高；绝缘节与我国的不同

6.1.3　主要的高速铁路列车控制系统

目前世界上的列车控制系统有多种，在欧洲的列车控制系统就有15种以上。欧洲之星高速列车装有6套ATP设备，Thalys高速列车装有8套ATP设备，操作方式各不相同，维护费

用很高。以下是法国、德国和我国的高速列车控制系统的基本情况。

1. 法国高速列车运行控制系统

法国列车运行控制系统采用基于数字轨道电路 UM2000 的列控系统(TVM430),如图 6.3 所示,主要由 UM2000 数字编码轨道电路和 TVM430 车载设备组成。该系统采用分段速度-距离曲线控制模式,当列车超过当前允许速度时,设备自动实时常用制动或紧急制动,保证列车速度降到允许速度之下或在安全停车地点前停车。UM2000/TVM430 列控系统利用 UM2000 数字编码无绝缘轨道电路作为传输通道,实现列车与地面信息的交换。在 TVM300 系统的基础上增加了设备状态和自然环境检测的功能,如接触网电压监视、热轴检测、降雨量检测、降雪量检测、暴雨及大风雪检测等,强化了列车安全保障功能。其控制的高速列车运营时速不超过 320 km,追踪间隔不低于 3 min。

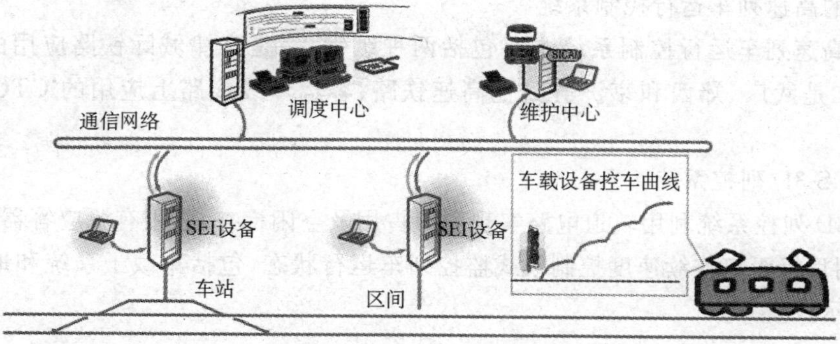

图 6.3 法国 TVM430 系统结构示意图

2. 德国高速列车运行保障系统

德国高速铁路 ICE 采用感应交叉环线实现车、地双向列车信息传送的列控系统(LZB),是典型的连续式列车控制系统之一,应用最广泛的是 LZB80,如图 6.4 所示。

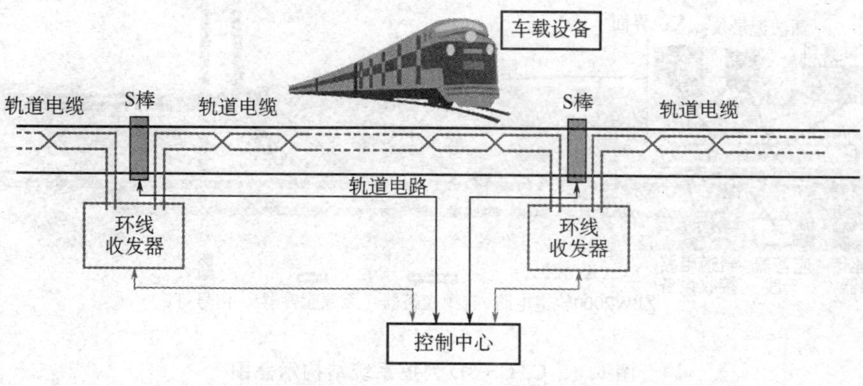

图 6.4 德国 LZB 系统结构示意图

LZB80 系统利用沿钢轨铺设的交叉环线的轨道电缆实现车—地之间的双向信息传输，采用连续目标距离速度模式曲线控制的方式。地面列控中心是 LZB 系统的核心，通过车—地信息传输系统，接受调度中心的各种行车命令，处理后传送给车载设备，以控制列车运行速度；同时 LZB 车载设备可以将列车的精确位置、实际速度、机车及列车工作状况（设备状况、轴温、供电及故障）等信息及时送达地面列控中心。列控中心根据综合调度中心下达的列车运行计划、列车运行线路状况（坡度、曲线半径、限制速度等）、相邻连锁中心送来的列车进路信息等经计算、比较处理后，确定保证行车安全的前提下使列车运行间隔最小的列车运行速度，并通过 LZB 地—车双向传输系统将控制命令传送到 LZB 车载设备，实现对列车运行速度的控制。LZB 的控制的高速列车运营时速不超过 300 km，运行追踪间隔不低于 3 min。但 LZB 系统与我国既有干线铁路采用的信号制式完全不同，且沿钢轨铺设交叉环线不利于铁路养护作业。

3. 我国的高速列车运行控制系统

我国的高速列车运行控制系统主要包括两种级别：一是京津城际铁路应用的 CTCS-3D 列控系统，二是武广、郑西和京沪等其他高速铁路、客运专线线路上应用的 CTCS-3 级列控系统。

(1)CTCS-3D 列控系统

CTCS-3D 列控系统利用轨道电路实现列车占用及空闲检查，应用有源应答器传输列车行车许可，采用目标距离连续速度控制模式监控列车运行状态，包括车载子系统和地面子系统，如图 6.5 所示。

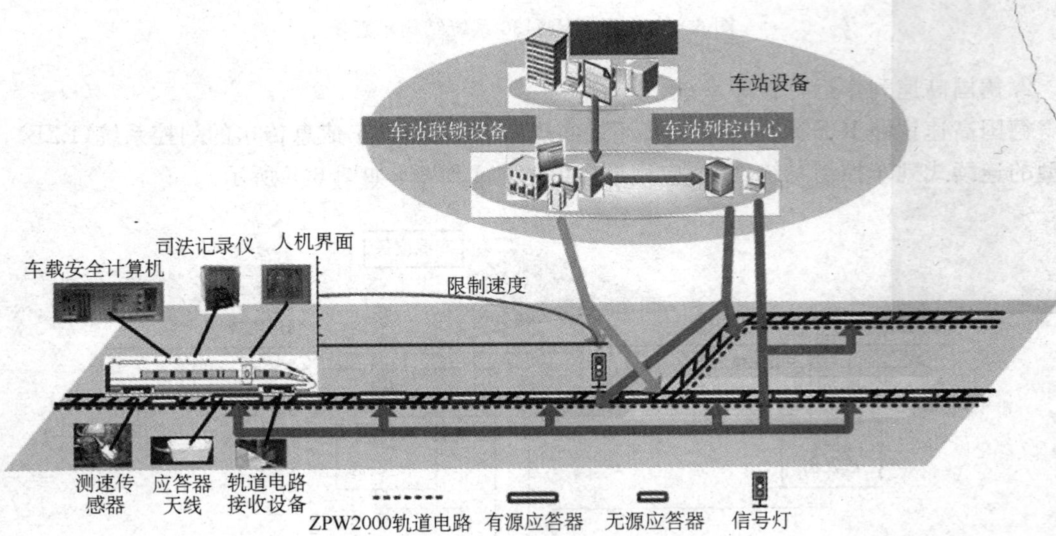

图 6.5　CTCS-3D 列控系统结构示意图

列控车载子系统主要包括车载安全计算机、雷达和测速传感器、应答器感应天线、TCR（轨道电路读取器）和轨道电路天线、DMI（人机界面）、JRU（司法记录器）。地面子系统由应答器、轨道电路、无线通信网络（GSM-R）、列车控制中心（TCT）/无线闭塞中心（RBC）等设备组成。

列车占用检查和列车完整性检查由地面轨道电路信号系统完成等。行车许可由地面设备产生，通过应答器传送到车载设备，以便列车在到达进站信号机之前就能接收新的信息，防止列车越过行车许可。轨道电路实现了连续注入信息，在危险条件下辅助应答器迫使列车停车。

(2)CTCS-3 列控系统

CTCS-3 列控系统包含了 CTCS-2 列控系统的全部设备，并在 CTCS-2 的基础上使用铁路专用全球移动通信系统（GSM-R）进行实时无线通信，列车在由无线闭塞中心（RBC）控制的线路上运行，结构如图 6.6 所示。控制的高速列车运营时速超过 350 km，运行追踪间隔不低于 3 min。

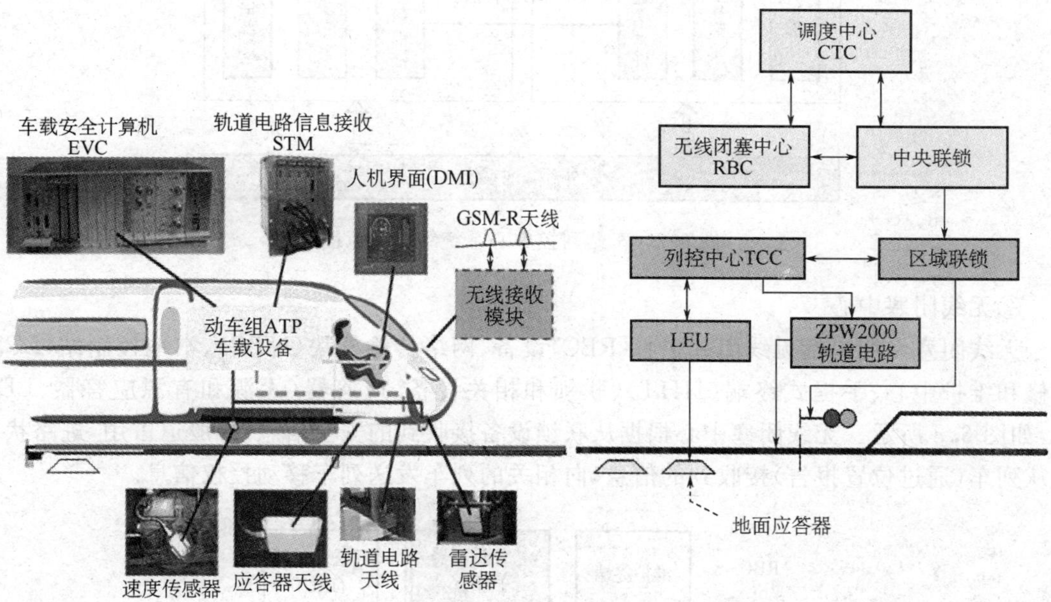

图 6.6　CTCS-3 列控系统结构示意图

GSM-R 系统设备主要包括无线闭塞中心（RBC）和车载 GSM-R 系统等。RBC 根据列车占用情况及进路状态向所管辖列车发出行车许可和列车控制信息，GSM-R 地面设备作为系统信息传输平台完成地-车间大容量的信息交换。

(3)CTCS 列车系统关键设备

①车站列控中心

车站列控中心由列控中心主机和监测机组成，如图 6.7 所示，根据列车占用情况及进路状态计算行车许可及静态速度曲线并传送给列车。列控中心主机采用 2×2 取 2 可靠性和安全性冗余硬件结构。车站列控中心系统依据调度指挥系统下达的临时限速命令和联锁系统当前的进路状态实时计算。控制有源应答器向列车动态传送相应的应答器报文数据，实现对列车运行的动态控制。

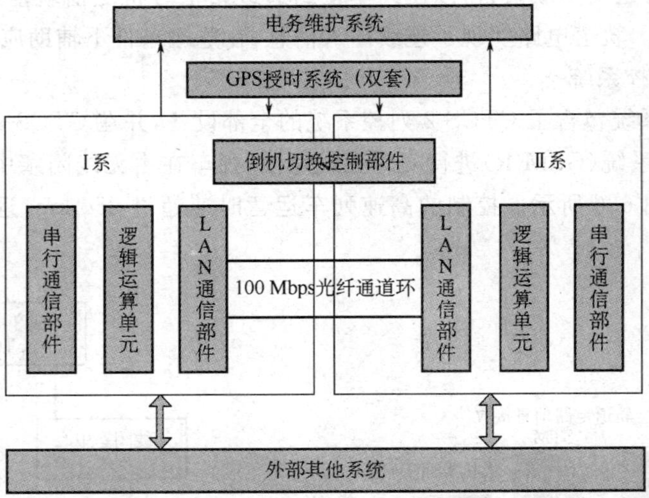

图 6.7　车站列控中心系统结构示意图

②无线闭塞中心

无线闭塞系统包括无线闭塞中心（RBC）设备、网络传输模块（NTG）、本地控制站（LCS）、检修和维护中心、手提式终端（HHT）、联锁和相关设备、应答器（无源和有源应答器、LEU）等，如图 6.8 所示。无线闭塞中心根据从联锁设备接收到的安全信息（即股道占用，进路状态）和从列车（通过位置报告）接收到的信息，向相关的列车发送列车移动授权信息。

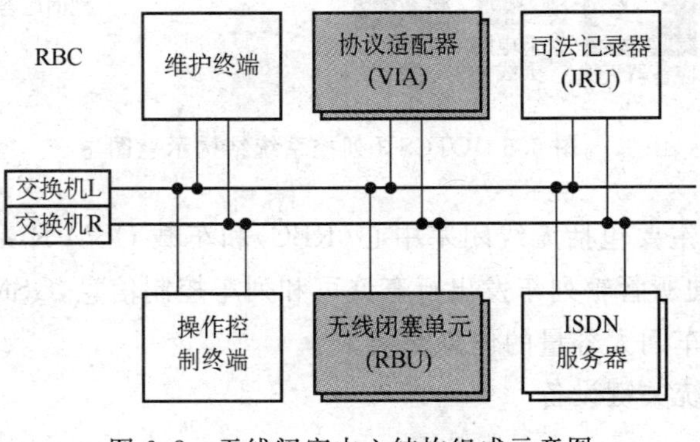

图 6.8　无线闭塞中心结构组成示意图

③应答器地面设备

应答器通过天线环路接收从位于列车上的应答器天线传输的电磁能量。当列车经过时，以编码信息的形式将信息送到车载应答器系统。每一个应答器在全国铁路网上具有唯一性的点式应答器编码规则，包括信息包定义、报文设计原则、应答器用户报文构成等。

应答器分无源应答器和有源应答器两种，实物如图 6.9 所示。无源应答器提供线路的坡度、闭塞分区或轨道电路长度、载频、线路固定限速等信息。有源应答器接收车站列控中心的进路信息和临时限速信息等。

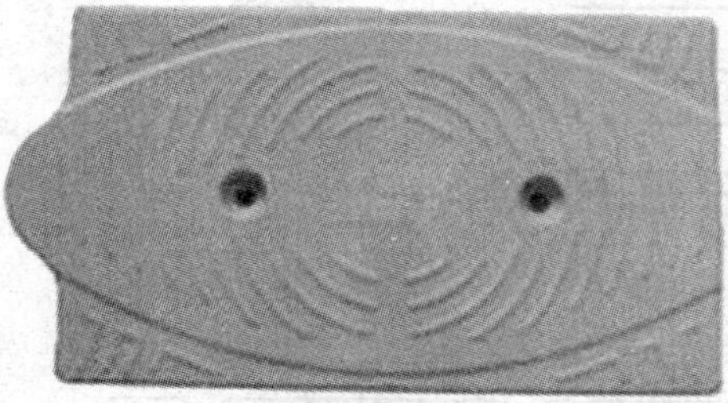

(a) 无源应答器

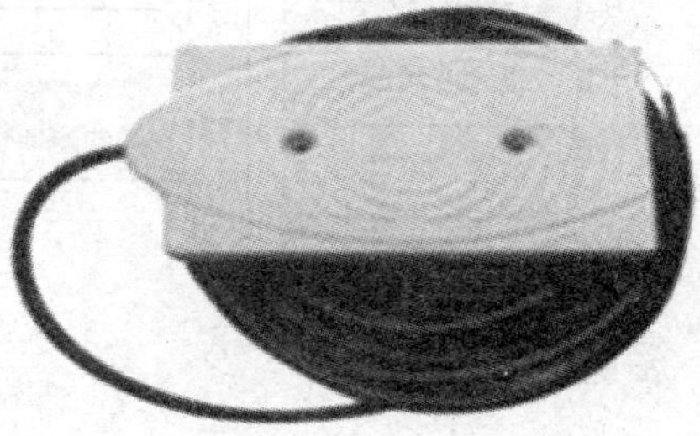

(b) 有源应答器

图 6.9　应答器地面设备

6.2　环境监测与灾害预测预警系统

环境检测与灾害预测预警系统，主要对可能发生的灾害、突发性灾害等各种可能发生的灾害，实施全面、准确、实时的安全监控。对各类灾害监测的原始信息，通过灾害预测预警模块的数据处理、分析与判断后，根据灾害的性质和级别，对运行中的列车或实施预警，或限速运行，或中止行车，以确保高速列车运行安全。环境监测与灾害预警系统结构如图 6.10 所示。

6.2.1　雨量及洪水监测预警系统

洪水灾害不像地震、风灾那样具有突发性，它是按积少成多、循序渐进的规律形成灾害的，往往因汛期雨水多造成。铁路受雨及洪水破坏主要表现在路堤、桥梁以及路堑自然边坡破坏三大方面。路堤破坏类型主要有边坡侵蚀、堤内水位上升、排水不良、周围环境影响；桥梁破坏主要有桥墩过度冲刷、桥梁撞击、水位过高；路堑自然边坡破坏很大一部分也是由雨水冲刷造成的。

雨量及洪水监测系统由数据采集设备、监测终端设备以及监测主机设备构成。数据采集设备主要包括雨量计、水位仪、防撞监视仪、冲刷测量仪、洪水测量仪等。

据统计，一般应在下列地点考虑设置雨量计：沿线五年一遇日最大降水量大于 100 mm 的区间，每间隔约 25 km 处；位于山坡山脚地带的填土路基，有可能发生滑坡、泥石流或路基下沉的路堑、路堤、隧道入口等处；综台维修基地(工务段)或车站所在地附近。雨量计应安装在无遮掩、宽敞的场所，安装高度在 1～4 m。

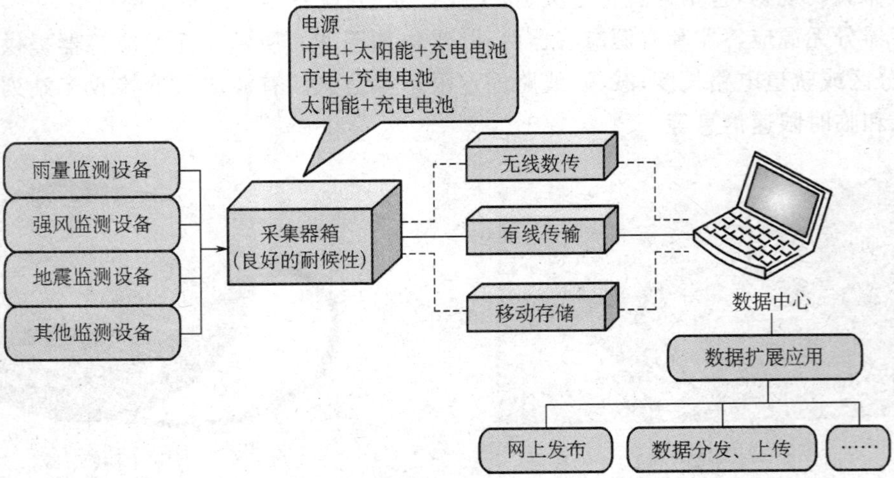

图 6.10　环境监测与灾害预测报警系统结构图

水位计一般考虑设置在以下地点：河床变化引起桥下泄洪能力不足的桥址处；泄洪区的线路区间；通航河流可能发生船舶撞击桥梁的桥址处，同时考虑设防撞监视仪；冲刷威胁桥梁安全的桥址处，同时考虑设冲刷测量仪。必要时对历史上洪水频发地区、重要河流上游设洪水测量仪。

各类探测采集设备的设置高度和具体位置还应根据现场建筑构造物的抗灾能力以及警报标准具体确定，并要结合其他监测系统统一协调布置。

雨量及洪水监测预警系统主要由水文气象数据采集终端(各类传感器)、数据处理与预报(中央装置)、数据传输与控制三大部分组成。设置地点主要分布在降水量大的区间、山坡山脚地带的填土路基、隧道入口、桥址处、洪水频发地区的河流上游、综合维修基地或车站所在地附近。其主要的传感器有风向风速计、气温计、气压计、雨量计、水位观测仪、冲刷测量仪、洪水测量及防撞仪等。

雨量及洪水监测预警系统监测的数据项如表 6.2 所示。

6.2.2　强风监测预警系统

强风对铁路的影响主要表现在输电线路和接触网的振动与摆动，以及大跨度桥梁的"风振"，此外侧风对高架桥上运行的列车也构成威胁。风监测系统一般由风向风速计、发送装置、接收分析记录装置组成。风向风速信号送至分析记录装置，记录显示装置设置在调度中心。

表 6.2 雨量及洪水监测预警系统监测的数据项

传感器名称和序号	时间(年月日时分)	信息量(量纲)			
风向风速计		瞬时风速(s/m)	2 m 平均风速(s/m)	10 m 平均风速(s/m)	主风向(东、南、西、北、东北、东南、西北、西南)
气温计		温度(℃)			
气压计		气压(Pa)			
雨量计		时雨量(mm)		24 h 连续雨量(mm)	
湿度计		湿度(%)			
水位观测仪		水位(m)			
冲刷测量仪		水位(m)			
洪水测量		水位(m)			

风向风速计的设置一般要结合其他探测设备(如雨量探测)综合考虑,便于维修,并安装在无遮掩、宽敞的场所,监测的数据应能代表该地域实际风量,设备运行满足该地自然环境条件的要求。

铁路沿线的特大桥、车站及大风区间,特别是空旷地带风期长、风力强劲的风口要设置风向风速计,其位置一般设于距线路中心水平距离 2.5～4.5 m、距轨面垂直高度 5～7 m处,如需要,还可在桥梁上设置监测垂直地面纵向风速的超音波风向风速计。强风监测预警系统主要由风向风速计、信息传输、数据记录与信息显示三部分组成。设置地点主要在特大桥梁、车站、变电所等地,此外,空旷地带的强风风口地区也应设置。传感器主要是风向风速计。

强风监测预警系统监测的数据项如表 6.3 所示。

表 6.3 强风监测预警系统监测的数据项

传感器名称和序号	时间(年月日时分)	信息量(量纲)			
风向风速计		瞬时风速(s/m)	2 m 平均风速(s/m)	10 m 平均风速(s/m)	主风向(东、南、西、北、东北、东南、西北、西南)

6.2.3 地震监测预警系统

地震除直接破坏铁路基础设施外,还会直接导致列车脱轨、倾覆等灾害。为避免这些灾害的发生,要尽可能使列车在地震发生前或发生时降低运行速度或停车,特别对高速列车更为重要。在铁路沿线设置地震探测器,并有效利用国家地震台网的信息,构成地震早期监测报警系统是非常有价值的。

地震监测预警系统主要由地震监测系统由拾震及数据处理设备,信息通信接口及传输设备,综合调度中心监视设备三部分组成。系统设置地点主要分布于高速铁路途径区域内地震烈度大于Ⅶ度地区,变电所的感震柜内。设备为 P 波检测仪、加速度报警仪、显示用的地震仪。

拾震设备包括地震仪及 P 波检测仪。地震仪作为列车地震防护装置使用时,有加速度报警仪和显示用地震仪两种。加速度报警仪可靠性高,当检测到地震动加速度值超过警戒值时,自动报警;显示用地震仪能记录地震动的加速度波形,可进一步确认加速度报警仪发出的报警信号,同时还有 P 波检测的功能。其检测到的数据经处理分析,为列车运行管制及恢复运营提供依据。P 波检测仪是通过设置在特定场所(没有人为振动的地表基岩处)捕捉 P 波的始动,识别地震发生的方位并推测出到震源的距离和地震的震级。

由于地震台站有很强的专业性,地震监测系统的建设在台站的选址、仪器的标准化及资料的分析和处理的规范化等方面,均需接受所在地县级以上地方人民政府、负责管理地震工作的部门或机构的指导。

地震监测预警系统监测的数据项如表 6.4 所示。

表 6.4 地震监测预警系统监测的数据项

传感器名称和序号	时间(年月日时分)	信息量(量纲)
P 波检测仪		
加速度报警仪		
显示用的地震仪		

6.2.4 其他灾害监控预警系统

高速铁路同普速铁路一样，还应针对不同地理环境条件、不同的运营机制，设置相应的防火灾、防雷击、防冰雪等设施。防冰雪措施主要有：设置防雪栅或防护林；设置防雪崩装置；采用洒水器化雪和高压清洗积雪等措施；防止列车底架粘附积雪，造成车下设备损坏以及防止当积雪融化下落时，威胁线路两侧的地面设备和引起道渣飞溅；防止道岔积雪直接威胁行车安全。系统主要由由防护设备、警示设备、信息传输和监视报警系统组成。设置地点主要分布在与公路、既有铁路并行、跨越的交界处，有可能发生崩塌、落石的地段，桥墩外侧面，明线区间和隧道内两侧。主要的防护设备为金属防护网栅、防护撞击设施、边界故障报警装置、列车防护开关。

其他监测预警系统监测的数据项如表 6.5 所示。

表 6.5 其他监测预警系统监测的数据项

传感器名称和序号	时间(年月日时分)	信息量(量纲)
金属防护网栅监测传感器		
防护撞击设施监测传感器		
边界故障报警装置监测传感器		
列车防护开关监测传感器		

6.3 设施装备的监测与在线诊断系统

设备装备的监测检测与诊断系统集中对全线的线路、桥梁、信号及相关的控制设备的状态进行综合检测，包括周期性检测、实时检测。监视系统运行是否正常，各监测点及车站信息处理中心是否正常工作，确认各种主要设备的技术状态是否完好。建立通信网管监视系统、各专业机房环境监测系统，及时掌握工务、电务设备及其工作环境的状态，合理安排维修，保证系统正常运转，防事故于未然。设施装备的监测与在线诊断系统如图 6.11 所示。

6.3.1 轨温监测诊断系统

轨温的升高使无缝线路钢轨的纵向应力加大，超过一定的标准时会导致胀轨跑道事故，对行车安全有极大的危害。

现场设置钢轨及大气温度传感器，建立轨温监测报警系统，实时掌握钢轨温度，确定轨温控制标准，科学地进行轨温预报，能进一步为行车指挥提供决策依据。

轨温监测系统由以下几部分组成：设置在现场的钢轨温度传感器，大气温度、湿度传感器；设置在养路工区（工务段）的信息处理器、显示器，道床状态信息输入设备（报警器、记录仪等）。

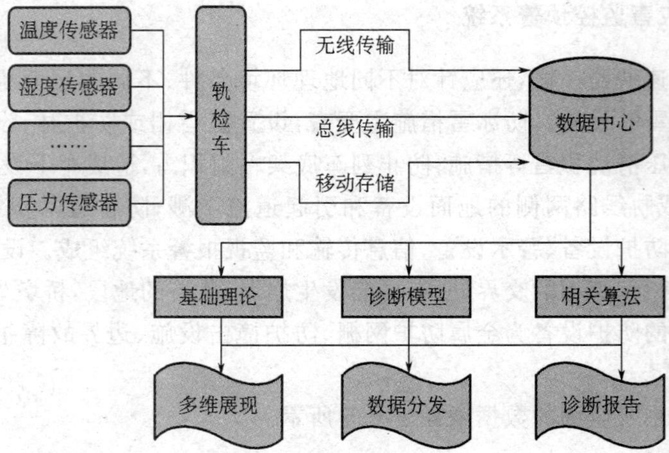

图 6.11　设施装备的监测与在线诊断系统图

钢轨温度传感器设置地点应选择在线路条件如路基、道床、曲线、坡度等不利的地点。由于轨温与气温有紧密的联系，一般认为 70 km 范围内的气温几乎相同，因此，一般情况下，每隔 70 km 设置一处轨温监测装置。在桥梁较多地段或曲线较多地段，可根据实际情况适当增设。同时在线路选定地点附近设气象信息采集点，以便对比决策。

6.3.2　牵引供电安全在线监测诊断系统

我国目前电气化铁路牵引供电设备的维修仍采用定期停电检修试验方式。这样的试验方式虽然可以解决一部分问题，但由于是在低压下模拟高压状态，测试结果不能全面反映设备在实际运行状态下的真实情况，并且停电对铁路正常运行会造成一定影响。此外，监测周期长，设备仍存在带隐患运行的可能，维护测试也有一定的盲目性，加大了维护人员劳动强度和运行维护成本。

牵引供电安全在线监测诊断系统是为了适应高速电气化铁路及客运专线特点的设备在线监测系统，实现对主要电气设备的实时在线监测，在建立设备分析模型的基础上，通过专家诊断软件系统对历史数据进行统计分析，确定设备运行状态，指导运行维护人员工作。

1. 在线监测诊断系统设备组成

根据分层分布式配置需求，牵引变电站高压设备在线监测系统由后台专家诊断系统、变电站通信管理单元和就地智能化间隔监测单元组成。各间隔监测单元布置于现场设备处，就地完成设备状态数据的在线测量及处理。站内通信管理机通过工业以太网或串行总线和间隔设备联系，控制各间隔监测单元，接收各间隔监测单元测量和上传的实时数据。通信管理机可根据变电站内网络及通信的具体情况，通过内部局域网向站内后台专家诊断系统或通过调制解调器向远程维修调度诊断系统传送数据。诊断软件可安装于供电段维修调度管理部门，通过

Web 浏览方式远程监视各变电站实时、历史数据，并可接入牵引供电相关管理部门，协助专业工程师及有关领导对设备进行管理和设备运行状况的评估。远程诊断系统使工程师可以随时随地通过网络在线监测牵引变电站高压设备的运行状态参数。

2. 在线监测诊断系统测试项目

考虑高速电气化铁路的实际设计特点，可按标准高速牵引变电站设备规模进行配置。其监测对象及参数包括：

(1)牵引变压器本体油中溶解气体的体积分数、铁芯和夹件的接地电流。

(2)对于变压器套管和电流互感器，测量主绝缘介质损耗因数、电容和末屏泄漏电流。

(3)对于金属氧化物避雷器，测量泄漏电流及其容性和阻性分量。

(4)对于 SF6 断路器，监测开断电流、行程—时间特性、分合闸线圈电流、气体压力报警接点。

(5)对现场温度、湿度和瓷套表面污秽泄漏电流等参量进行监测和记录，并作为设备运行状况的辅助评估。

3. 在线监测诊断系统关键技术

(1)个性化信号采集处理模块

①传感器

传感器是信号采样的关键环节，应采用高可靠性传感器。非电量传感器优先选用进口优质传感器。电流传感器采集微弱小信号，需采用特殊的磁芯及二次线包绕。要求：灵敏度高，二次输出信号大；测量范围内线性度好，原副边的相位差小且固定；温度系数小且稳定；可靠屏蔽，使外界强电磁场干扰无影响；长期工作稳定。结构可采用穿芯式，套在设备末屏或末端接地线上来抽取泄漏电流信号，这种方式不影响被监测高压设备的原有接线方式，安全可靠性好。电流传感器材料应选用起始导磁率高、损耗小的坡莫合金作铁芯，并采用深度负反馈补偿技术对铁芯的激磁磁势进行全自动补偿，使铁芯工作在接近理想的零磁通状态，同时需对线圈进行屏蔽，以有效提高传感器角差和比差的稳定性，并使传感器具有良好的温度特性。

②信号采集及处理

信号通过输入、滤波、分时处理、鉴相与检波及 A/D 转换电路再送至微机采集处理接口电路。此部分必须考虑的问题包括：输入信号经处理后不会失真；电子元件漂移产生的随机误差必须消除；电磁场干扰情况下，电路结构、电源供应、各电路的抗干扰措施，各种谐波、杂散波的影响及消除措施。

③嵌入式微机处理系统

嵌入式微机系统完成数据的采样、存储、处理及控制和远方通信。各种操作动作由嵌入式单片机控制，包括手控、自控、遥控三种监测方式。在手控方式下，可灵活地选择监测内容，对设备测试项目进行随时测试和打印；在自控方式下，无需人工干预，启动后自动完成数据采集、计算、显示、通信等工作；在遥控方式下，可以在任何地点由计算机通过网络与间隔监测单元进行通讯。

④远程通讯

采用标准串行通讯接口,可进行光纤或屏蔽电缆连接。通信规约采用标准协议。接口抗干扰能力强,连接可靠。

(2)数据分析方法确立(后台智能专家系统)

①系统设计思想

由于在线监测系统以监测多台间隔设备的多个特征量为基本功能,因此在专家系统设计时需考虑其应能容纳各类监测子系统和数据处理方法。软件开发过程中应遵循模块化设计原则,即采用标准接口技术和引入"中间件"概念,以使整个软件系统即可独立构成完善的监测系统,也可使其能完全嵌入其他自动化管理系统中,使整个系统具备良好的可重用性、通用性、伸缩性和灵活性。各监测子系统都具有诸如数据存储、图形显示、系统安全等功能,因此应将各子系统的通用任务集成到框架中,使各监测子系统重复性工作大大减少,系统便于扩充和移植。

②软件框架结构

系统软件一般可分成:主框架、专家子系统、信息输出和数据通信模块。专家诊断子系统和数据通信模块都应是基于多态性软件,即允许通过一系列共用接口,采用相同的方法控制不同的对象。

③"数据"对象

要采用共用接口描述数据通信模块,先对数据对象有一个统一的描述,即采用标准协议。

④监测子系统对象

从功能角度分析,在线监测专家诊断子系统主要实现子系统安装、子系统相关参数配置和数据处理输出。

6.3.3 机车走行部故障在线诊断系统

机车的每台机械设备都有其自身的运行规律,每个零件也有它自己的运行规律,提取其运行信息的方法一般有噪声和振动两种方法。噪声也可以归纳为振动范畴,对振动信号的处理方法很多,常见的有直接对振动信号进行时域振动能量分析或经 FFT 变换后进行频谱分析。高速铁路机车走行部在线检测系统可以采用包络检波(包络解调)技术可靠提取振动冲击信号,将振动传感器测得的信号,通过电包络的方法使故障冲击波得以加强和放大,然后对其进行滤波、检波和抗混处理和小波变换,得到故障特征信号,有效地抑制常规振动及干扰信号对后续信号与分析的影响。

传统的监测方法是用模拟电路对传感器测得的采用信号进行处理。这种方法对元器件的要求相当严格,调试困难大,且系统的稳定性及抗干扰能力比较差。在高速铁路走行部故障在线诊断系统可以采用以 DSP 数字新型号处理器为核心,对振动信号进行数字化分析和处理。

由于 DSP 强大的运算能力，不仅为信号的处理带来了方便性和快捷性，也为 FFT 变换、小波变换等运算提供了强大的支持。就诊断方法而言，可以采用时域振动能量分析和频谱分析相结合的故障诊断专家系统，克服单一参量、单一标砖的局限性，实现了多参量、多标准的综合精密诊断。

机车走行部故障在线诊断系统可以采用如图 6.12 所示的实现方案。

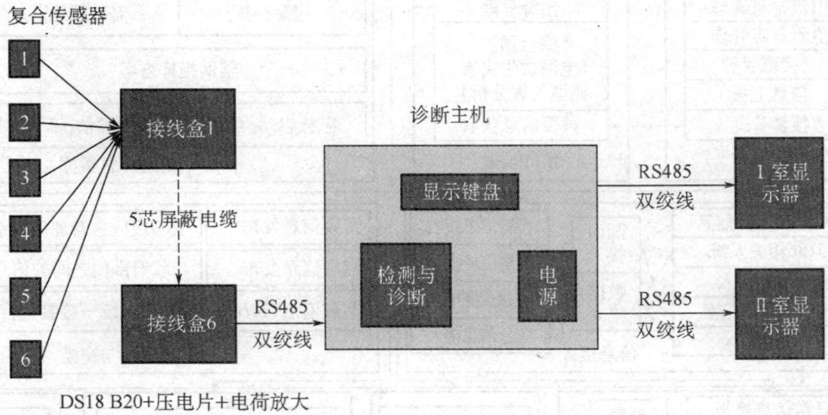

图 6.12　走行部在线检测系统结构图

该方案的特点为：

(1)在接线盒增加单片机及采样电路，将温度、振动信号变为数字信号通过 RS484 总线传到主机，解决了电磁兼容问题。

(2)主机自带显示键盘，用于采纳数的修改和设置，Ⅰ、Ⅱ室显示器仅用于故障显示。

(3)检测卡、CPU 卡合二为一，采用平插结构与底板连接。转储数据由 USB 接口经 U 盘转储。

(4)主机采用双 CPU 结构，CPU I(单片机)负责时钟、显示键盘管理，CPU 2(DSP)为主控芯片，负责软件包络解调、软件抗混滤波、诊断、系统管理的全部工作，将硬件电路软件化。

(5)主机软件编程、调试困难，但灵活性很大，由于 DSP 接收的是原始信号，可采用包络解调分析法，也可采用小波分析法及其他方法。

6.4　事故救援和减灾系统

事故救援和减灾系统的逻辑结构如图 6.13 所示。

6.4.1　应急救援指挥与信息发布系统

应急救援指挥与信息发布系统是实现对应急现场救援指挥及信息管理功能的模块。功能主要包括：

1. 自动报警和接警

事故发生时，能够实现系统自动报警并进行接警，为救援指挥中心提供实时准确的事故消息。

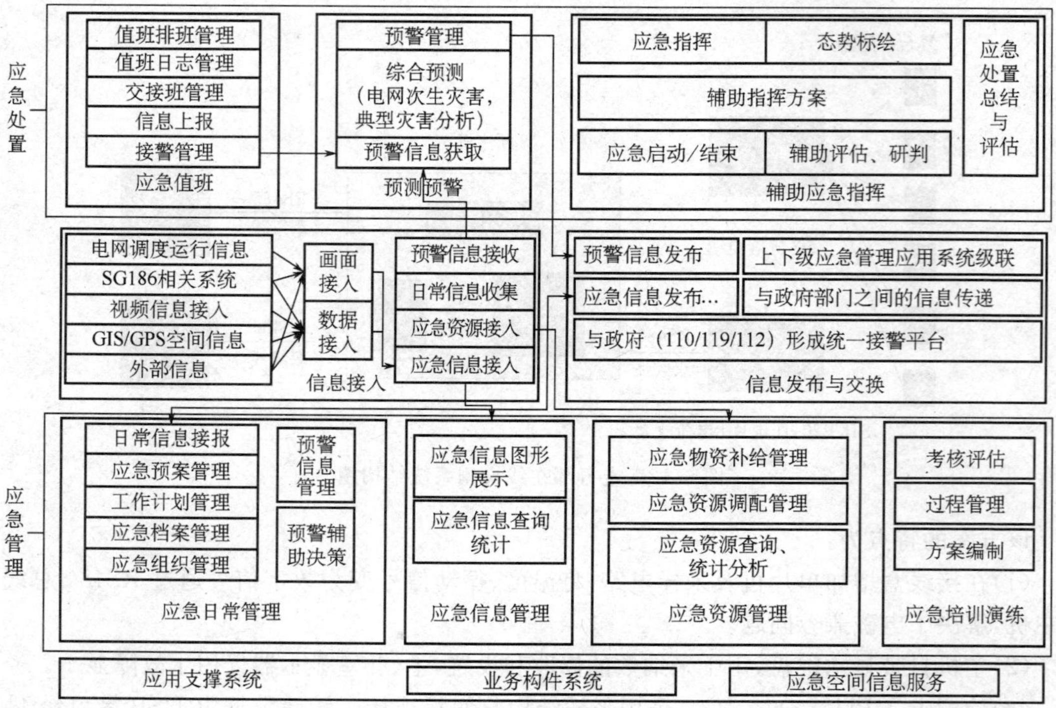

图 6.13　事故救援和减灾系统的逻辑结构图

2. 自动启动预案

在事故发生时，系统自动根据报警的类型、位置、时间、事故发生地点及其附近的危险源、障碍物、交通情况以及监控状态等信息自动调出相关的应急预案，并对预案流程实时追踪，为救援人员提供预案的辅助决策。

3. 预案联动

在自动启动预案后，系统按照预案的内容进行现场救援指挥，包括事故信息通报、救援信息自动发布、预案命令自动下达以及事态发展的信息发布等。

4. 应急指挥联动

按照发出的指令，系统通过短信平台和智能客户端平台，自动将指令发送到各级救援部门，同时将各救援的回馈信息自动集中管理，并动态显示指令的执行状态和完成状况，为下一步指挥决策提供支持，同时可将救援相关信息和事故处理过程完整记录，为事后总结提供依据。

5. 现场实时视频和静图显示

显示救援现场的实时视频图像和应急静图，并具有随时存储和转发的功能。

6. 救援组织管理

根据救援组织所处的位置和其职责范围，对救援队、救援班、救援列车、救援设备和救援物资等救援资源进行智能化的、有组织的高效调度。

7. 事故现场环境综合展现

事故现场环境综合展现为救援部门了解事发路段的地形地貌、基础设施状况等提供了实时可靠的资料。

8. GPS 监控

实时追踪救援列车和救援汽车的位置，为救援工作提供支持。

9. 信息发布

事故救援完成后向外界发布事故的相关信息。

6.4.2 预案及事故资料管理系统

预案及事故资料管理系统能够实现对预案的流程化、系统化、规范化和模块化管理。其功能主要包括：

1. 预案信息管理

主要实现：添加新预案；对已有预案编辑、删除、升级；根据预案分类、事故类型、事故级别、站段类型等条件查询相应应急预案；对系统建立的应急救援预案根据其类型进行评价；并能够进行统计分析，形成分析报表。

2. 预案模板化、流程化管理

实现自动完成预案的模板化和流程化，并能对预案模版进行更新，如添加新的预案模版、删除、编辑已有模版等功能；系统能够智能地将预案流程化处理，实现预案的应急联动，并事故处理过程实时追踪。

3. 事故资料管理

(1)历史事故资料查询

通过事故编号、事故类型、事故性质、事发时间等条件对历史事故信息进行查询，查看历史事故基本信息、事故概况信息、事故处理过程、事发时天气情况、救援人员情况等与事故相关的各类信息。

(2)历史事故资料编辑

对历史事故资料如事发时间、上报时间、救援情况、事故原因等信息，进行添加、修改、删除等，并能够自动生成救援列车复旧报告等文档。

(3)历史事故视频查询

通过输入查询条件如事故编号、事故性质、事发时间等，查询历史事故发生时录制的现场视频(静图、动图)。

(4)历史事故统计分析

对发生的历史事故按照时间、类型和级别等条件进行统计分析，形成统计报表。

(5)定责定损分析

根据事故统计分析对事故进行定责定损分析并保存，并能形成事故报表。

6.4.3 应急日常监控系统

应急日常管理模块主要是指系统平常处于日常监控状态下，对线路上的列车运行状态监测、车辆运行安全监控、电力监控、环境监控、大风监控等业务系统进行监控并对获取的信息进行管理。

1. 车辆运行安全监控

主要监测 THDS(红外线轴温监测系统)安全和报警信息、TPDS(货车运行状态地面安全监测系统)安全和报警信息、TFDS(货车运行故障动态检测系统)安全和报警信息、TADS(货车滚动轴承轨边早期故障声学诊断信息)安全和报警信息、TWDS(车辆轮对尺寸动态监测信息)和报警信息。

2. 列车运行状态监测

主要监测车次、机车号、车长、车组号、车组类、列车速度、加速度、制动率、列车最大运行速度、列车载重、列车轴重、列车位置、牵引电压等信息。

3. 电力监控

主要管理电压、电量、变压器、互感器、避雷器相关信息、电力、电缆等主要电力设备的运行状态信息。

4. 环境监控

主要管理钢轨、枕木、道渣基本信息，路基、坡度、曲线、车站、站场(包括站场内部设施)信息，沿线行车设备信息、桥梁、隧道、涵洞等信息。

5. 大风监控

主要管理风速、风向、雨量、雨速、湿度、温度等信息。

6. 现场视频监控

从现场获取实时视频，可以随时查看并存储，能够对现场状况动态监控，同时也可以查看历史视频。

6.4.4 应急救援辅助决策系统

应急救援统计与分析模块是为应急救援决策提供辅助信息的模块。它的主要功能包括：

1. 决策辅助资料管理

实现对各种救援方案具有决策支持材料的管理，包括国家、铁道部和公司的政策、法规以及从其他系统接入的业务信息等。

2. 预案辅助决策

针对突发事件，系统自动把事件信息与各种救援预案(包括事发地点的应急疏散图、历史相关事故的救援方案等)相关联，并以文字或电子地图方式显示，指导救援工作。

3. 应急指挥态势分析

针对事故自动生成救援线路图、人员疏散图、救援态势图，突出显示事故区段、人员疏散通道、实施救援的相关信息等。

4. 运营影响分析

发生事故后，分析事故对线路运营产生的影响。

5. 救援疏散路径分析

事故发生后，系统自动分析可能的救援疏散路径。

6. 安全区域分析

事故发生后，通过对事故现场环境及事故态势分析等来确定现场的安全区域，为救援工作的开展提供依据。

7. 危险可达性分析

事故发生后，系统能智能化地对事故的影响范围等进行分析。

8. 最优救援路径生成

根据形成的多条救援路径以及现场情况、障碍点分布、安全区域分布等情况形成最优救援路径。

9. 应急规划决策支持

规划应急资源的配置和应急救援路线的分布。

10. 应急资源规划支持

通过对目前的现有的应急资源的数量和位置进行分析，并对所有应急资源定责分析，评估分布的合理性且为要新添加的应急物资的安排(包括数量和安放的位置)提供依据。

6.4.5 救援资源管理系统

救援资源管理系统是实现对高速铁路安全保障体系中所有应急救援资源的统一管理，用户可以将自己所在部门的救援资源情况更新，最终由应急管理办公室的专业负责人对救援资源统一管理。救援资源主要包括救援列车、救援人员、救援设备、救援汽车和救援物资等。功能主要包括：

1. 救援列车、救援汽车管理

对救援列车信息、救援汽车信息进行维护。救援列车信息主要包括救援列车基本信息(如救援列车名称、救援列车车辆型号、救援列车车辆总重等)、救援列车编组信息以及救援列车人员信息。救援汽车信息主要包括救援汽车车牌号、救援汽车类型、救援汽车驾驶员信息救援汽车 GPS 等。

2. 救援人员管理

实现基于铁路救援组织机构的人员组织管理,如救援队、救援班的管理;对救援相关人员的信息的维护和管理,如救援列车人员、基层站段救援人员的管理。

3. 救援物资、救援设备管理

对救援物资信息和救援设备信息的维护和查询,在日常监控状态下公司各应急救援部门人员可以对救援物资和救援设备的分布、储存情况进行查询,以便及时掌握应急救援能力。用户能够随时方便地对这些信息进行更新,通过建立数据字典对救援物资和救援设备的型号、类型进行维护,同时也可以对救援物资和救援设备的基本信息维护。

6.4.6 应急演练管理系统

应急演练管理模块是实现青藏应急救援系统事故演练的设计、执行、总结和资料管理的模块。应急演练分为两种形式:实战演练和模拟演练。

1. 实战演练

实战演练指由高速铁路公司组织应急救援体系内各部门进行的应急救援演练。系统主要功能有:

(1)实战演练方案制定

根据事故性质、事故类型以及事故的其他相关信息,各部门制定相应的演练方案。

(2)实战演练指挥

演练指挥人员对演练进程进行指挥,包括命令制定、下达、接收和回馈等。

(3)实战演练总结

演练总结的内容包括演练方案资料、演练流程资料、演练视频资料、演练静图资料、演练评估表、演练过程总结资料以及演练的相关报表等。

(4)实战演练统计分析

对演练中的人员调配、财产损失和救援资源使用情况等进行统计分析,形成统计分析报表。

2. 模拟演练

为了更好的保障高速铁路的运营安全,加强高速铁路应急体系的事故救援演练,在系统中增加了模拟演练功能。主要包含以下功能:

(1)模拟演练场景设定

模拟事故发生的时间、地点、环境、事故类型等客观因素。

(2)影响因素模拟

针对应急救援设定各种影响因素，评估不同障碍情况下的应急能力，排查应急救援缺陷和盲点。

(3)模拟演练指挥

演练指挥人员对演练进程进行指挥，包括命令制定、下达、接收和回馈等。

(4)模拟演练总结

对演练过程中的演练方案资料、演练流程资料、演练视频资料、演练评估表以及演练的相关报表等进行总结分析。

(5)模拟演练统计分析

对模拟演练中的人员调配、财产损失和救援资源使用情况等进行统计分析，形成统计分析报表。同时在应急演练模块中还包含历史演练信息查询、更新等。

6.4.7　数据交换系统

数据交换管理模块主要实现高速铁路应急救援指挥信息系统与外部业务系统间的数据管理，包括数据的筛选、抽取、添加和更新等过程。高速铁路应急救援指挥信息系统是从各业务系统、安全监控系统以及外部系统中提取该系统所需要的各类数据，包括静态数据交换和动态数据交换，这些数据属于典型的异构数据。该模块将实现对数据的统一转换处理，为系统提供信息服务。

复习思考题

1. 高速铁路的运营安全保障系统的重要性表现在哪里？
2. 高速铁路的运营安全保障系统主要包括哪些系统？
3. 高速铁路的综合调度系统的体系结构是怎样的？都包括哪些主要功能？
4. 高速铁路的行车安全监控保障系统的体系结构是怎样的？都包括哪些主要功能？
5. 高速铁路的应急救援指挥系统都包括哪些主要功能？其体系架构是怎样的？

参 考 文 献

[1] 张曙光.京沪高速铁路系统优化研究[M].北京:中国铁道出版社,2009.

[2] 李向国.高速铁路技术[M]. 北京:中国铁道出版社,2009.

[3] 李映红.高速铁路信号系统[M].成都:西南交通大学出版社,2009.

[4] 王其昌.高速铁路土木工程[M].成都:西南交通大学出版社,2009.

[5] 李芾,安琪,王华.高速动车组概论[M].成都:西南交通大学出版社,2008.

[6] 王伯铭.高速动车组总体及转向架[M]. 成都:西南交通大学出版社,2008.

[7] 中华人民共和国铁道部.铁路客运专线运营调度系统总体技术方案[M].北京:中国铁道出版社,2008.

[8] 孔庆春.铁路交通事故应急救援知识读本[M].北京:中国铁道出版社,2008.

[9] 董锡明.高速动车组工作原理与结构特点[M].北京:中国铁道出版社,2007.

[10] 郎宗桉,曾小清,姜季生.轨道交通信号控制基础[M].上海:同济大学出版社,2007.

[11] 于万聚.高速电气化铁路接触网[M].成都:西南交通大学出版社,2007.

[12] 刘瑞扬,杨京.铁路客车运行安全监控系统(TCDS)原理及应用[M].北京:中国铁道出版社,2007.

[13] 佘廉,李睿,李红九.铁路交通灾害预警管理[M].石家庄:河北科学技术出版社,2004.

[14] 钱仲侯.高速铁路概论[M].3版.北京:中国铁道出版社,2007.

[15] 祝凌曦.电子商务安全 [M].北京:清华大学出版社,北京交通大学出版社,2006.

[16] 黄采伦,樊晓平,陈特放.列车故障在线诊断技术及应用[M].北京:国防工业出版社,2006.

[17] 吴宗之,刘茂.重大事故应急救援系统及预案导论[M].北京:冶金工业出版社,2006.

[18] 王化深,王俊峰. 200～350 km/h 列车运行控制系统关键技术研究[J].铁道学报,2009,Vol.31,(3):107-111.

[19] 高松峰,马维峰,陈旭,等.多源空间信息集成技术在铁路用地信息管理中的应用[J].测绘科学,2009,34(2):229-231.

[20] 武旭,胡思继.高速铁路安全保障信息系统的研究[J].中国安全科学学报,2008,15(4):80-83.

[21] 张剑,樊晓平,黄采伦,等.列车轮对状态的融合监测系统[J].交通运输工程学报,2008,Vol.8,(6):13-19.

[22] 崔中伟.动车组管理信息系统[J].铁路计算机应用,2008,(8):55-56.

[23] 贾永兴,梅元贵.日本高速铁路强风预警系统的发展[J].铁道机车车辆,2008,28(4):16-19.

[24] 刘重庆.世界高速铁路的现状与发展[J].观察,2008(5):60-61.

[25] 秦勇,王卓,贾利民.轨道交通应急管理系统体系框架及应用研究[J].中国安全科学学报,2007,17(1):57-65.

[26] 郭春,王明年,赵海东.铁路特长隧道火灾应急救援问题研究[J].中国安全科学学报,2007,17(9):153-158.

[27] 张孟彬.铁路行车安全综合监控系统建设探讨[J].铁路通信信号工程技术,2007(4):12-14.

[28] 张新芳.高速铁路、客运专线防灾安全监控系统设计探讨[J].铁道工程学报,2006,92:72-73.

[29] 高雨峰,王福田,刘仁奎.铁路轨道状态分析信息系统设计与实现[J].中国安全科学学报,2006,16(7):

128-132.

[30] 刘宏.呼和局电务综合管理信息系统的结构与功能[J].铁路工程,2006,3(5):21-24.

[31] J. Chen, C. Roberts, P. Weston. Fault detection and diagnosis for railway track circuits using neuro-fuzzy systems [J]. Control Engineering Practice 16 (2008): 585-596.

[32] Hyun-Jeong Jo, Jong-Gyu Hwang. Investigation of risk analysis methods for safety assurance in the traincontrol syste [J]. Proceeding of International Conference on Electrical Machines and Systems 2007, Oct. 8~11, Seoul, Korea.

[33] Fausto Pedro Garcia Marquez, Paul Weston, Clive Roberts. Failure analysis and diagnostics for railway trackside equipment[J]. Engineering Failure Analysis 14 (2007):1411-1426.

[34] Fateh Kaakai, Said Hayat, Abdellah El Moudni. A hybrid Petri nets-based simulation model for evaluating the design of railway transit stations [J]. Simulation Modelling Practice and Theory, 15 (2007):935-969.

[35] J. Herb, U. Hoppmann, C. Heine, T. Tielkes. A new approach to estimate the wind speed probability distribution along a railway track based on international standards[J]. Journal of Wind Engineering and Industrial Aerodynamics 95 (2007):1097-1113.

[36] Jacques J. Durand, Stéphane Romei. An Innovative European Rail Industry Safety Management System [J]. 2007 IEEE:341-343.

[37] WANG Shuai, JI Yindong, DONG Wei, YANG Shiyuan. Design and RAMS Analysis of a Fault-Tolerant Computer Control System[J]. Tsinghua Science and Technology, July 2007, 12(S1): 116-121.

[38] Fausto Pedro Garcia Marquez, Paul Weston, Clive Roberts. Failure analysis and diagnostics for railway trackside equipment[J]. Engineering Failure Analysis 14 (2007):1411-1426.

[39] Luca Podofillini, Enrico Zio, Jorn Vatn. Risk informed optimization of railway tracks inspection and maintenance procedures[J]. Reliability Engineering and System Satety 91 (2006):20-35.

[40] Jutaek Oh, Simon P. Washington, Doohee Nam. Accident prediction model for railway-highway interfaces [J]. Accident Analysis and Prevention 38 (2006) 346-356:3-10.

[41] Uwe Zerbst, Katrin M., Hartmut Hintze. Fracture mechanics in railway applications-an overviewt[J]. Engineering Fracture Mechanics 72 (2005):163-194.

[42] XIU Luo, Study on methodology for running safety assessment of trains in seismic design of railway structures [J]. Soil dynamics and earthquake engineering 25 (2005):79-91.

[43] W. Ian Hamilton, Theresa Clarke. Driver performance modeling and its practical application to railway safety [J]. Applied Ergonomics 36(2005):661-670.

[44] Trudi Farrington-Darby, Laura Pickup, John. R. Wilson. Satety culture in railway maintenance. Satety Science 43(2005):39-60.

[45] John R. Wilson, Beverley J. Norris. Rail human factors: Past, present and future [J]. Applied Ergonomics 36 (2005):649-660.

[46] W. Ian Hamilton, Theresa Clarke. Driver performance modelling and its practical application to railway safety[J]. Applied Ergonomics 36 (2005):661-670.